ジェンダー・ハラスメントに関する心理学的研究

— 就業女性に期待する「女性らしさ」の弊害 —

小林敦子 著

風間書房

目　次

第Ⅰ部　ジェンダー・ハラスメントとは何か

第1章　ジェンダー・ハラスメント発生の背景 …………………… 3
- 第1節　日本の女性の就業状況　3
- 第2節　日本の職場における女性の扱われ方　5
- 第3節　まとめ　7

第2章　様々な国・文化の中の性差別 ……………………………… 9
- 第1節　はじめに　9
- 第2節　性差別に関する社会心理学的研究　10
- 第3節　まとめ　14

第3章　セクシュアル・ハラスメント研究の歴史 ……………… 15
- 第1節　はじめに　15
- 第2節　セクシュアル・ハラスメントとは　16
- 第3節　セクシュアル・ハラスメントに関する先行研究の内容　19
- 第4節　セクシュアル・ハラスメント研究の中に見られる
　　　　ジェンダー・ハラスメント　26

第4章　心理学研究におけるジェンダー・ハラスメント ……… 28
- 第1節　はじめに　28
- 第2節　心理学研究におけるジェンダー・ハラスメントの位置づけ　28
- 第3節　ジェンダー・ハラスメントに関する先行研究　33

第5章　心理学研究におけるジェンダー・ハラスメント研究の課題
　　　　　　　　　　　　　　　　　　　　　　　　　　　　　　　40
　第1節　はじめに　40
　第2節　ジェンダー・ハラスメントの測定上の留意点　41
　第3節　本書の目的　44

第Ⅱ部　ジェンダー・ハラスメント測定尺度の作成

第6章　半構造化面接法によるジェンダー・ハラスメント項目収集
　　　　　　　　　　　　　　　　　　　　　　　　　　　　　　　49
　第1節　目　的　49
　第2節　方　法　52
　第3節　結　果　53
　第4節　考　察　53

第7章　ジェンダー・ハラスメント測定尺度の因子構造の確認と
　　　　妥当性の検証 ……………………………………………… 57
　第1節　目　的　57
　第2節　方　法　58
　第3節　結　果　61
　第4節　考　察　65

第8章　ジェンダー・ハラスメント測定尺度の妥当性の検証 ………… 68
　第1節　目　的　68
　第2節　方　法　68
　第3節　結　果　69
　第4節　考　察　69

第9章　ジェンダー・ハラスメントとセクシュアル・ハラスメント
　　　　の関係性の検討 ………………………………………………… 71
　　第1節　序　論　71
　　第2節　目　的　73
　　第3節　方　法　74
　　第4節　結　果　76
　　第5節　考　察　80

第Ⅲ部　ジェンダー・ハラスメントが就業女性に及ぼす影響

第10章　ジェンダー・ハラスメントが就業女性の精神的健康状態に
　　　　及ぼす影響 …………………………………………………… 87
　　第1節　序　論　87
　　第2節　目　的　91
　　第3節　方　法　94
　　第4節　結　果　96
　　第5節　考　察　106
　　第6節　まとめ　113

第11章　ジェンダー・ハラスメントが就業女性の職務関連行動に
　　　　及ぼす影響 …………………………………………………… 115
　　第1節　序　論　115
　　第2節　目　的　115
　　第3節　方　法　120
　　第4節　結　果　121
　　第5節　考　察　130

第Ⅳ部　ジェンダー・ハラスメントに関する研修効果

第12章　準実験によるジェンダー・ハラスメントに関する研修効果の検討(1) ……………………… 137
- 第1節　序論　137
- 第2節　目的　138
- 第3節　方法　138
- 第4節　結果　140
- 第5節　考察　145

第13章　準実験によるジェンダー・ハラスメントに関する研修効果の検討(2) ……………………… 148
- 第1節　序論　148
- 第2節　目的　149
- 第3節　方法　149
- 第4節　結果　151
- 第5節　考察　155

第Ⅴ部　本書の要約と総合的考察

第14章　本書の要約 ……………………………………………… 159
第15章　総合的考察 ……………………………………………… 163
- 第1節　本書で研究対象とされたジェンダー・ハラスメント　163
- 第2節　ジェンダー・ハラスメントの概念的独立　166
- 第3節　ジェンダー・ハラスメントが就業女性に及ぼす影響　167
- 第4節　個人の多様なあり方を認める職場に向けて　171

第5節　ジェンダー・ハラスメント発生防止のてがかりと
　　　　今後の展開　173

引用文献 ……………………………………………………………… 177
付　　録 ……………………………………………………………… 185
あとがき ……………………………………………………………… 187

第Ⅰ部
ジェンダー・ハラスメントとは何か

第1章　ジェンダー・ハラスメント発生の背景

第1節　日本の女性の就業状況

1. 男女平等に対する法整備と現状

　日本国憲法第14条には「法の下の平等」が規定され，あらゆる形態の差別が禁止されている。男女差別もその一つであり，日本ではこの解消に向けてさまざまな取り組みが行われてきた。1979年の第34回国連総会において女子差別撤廃条約が採択され，1981年に発効されると，日本は1985年にこれに批准した。その後，1986年には男女雇用機会均等法が，1999年には男女共同参画社会基本法が制定されている。日本は国際社会における取り組みに連動して，性差別の解消に向けての法整備が進んできたといえる。

　このように日本社会における男女平等のしくみが整いつつある中で，はたして実情はどのようになっているのであろうか。男女平等の指標としては，ジェンダー開発指数（GDI）やジェンダー・エンパワーメント（GEM）が挙げられる。GDIは，平均寿命，教育水準，成人識字率，1人当たり国民所得などを用いて算出した基本的な人間の能力の伸びを測る人間開発指数（HDI）について，男女格差を加味したものである。GEMはその国の政治・経済活動における男女の格差の指標となっている。国立女性教育会館（2009）の資料によると，これらにおける日本の国際順位は，HDIが世界で第8位であるのに対し，GDIは13位と順位を落としている。また，GEMは世界で54位とGDIの順位と比較して極めて低く留まっている。これらの結果は，日本では，基本的な女性の能力が開発されているものの，女性の能力を発揮させる環境が整っていないことを示している。

また，男女の平等感に関する 2009 年の調査結果では，日本の女性で 77.6%，男性で 64.6% が「社会全体の中で男性の方が優遇されている」と考えている（飯島，2012）。日本では現実の社会において男女間の不平等を感じる人は依然多く，男女平等の実現に向けてなお一層努力していかなければならない。

2. 女性の就業状況

　日本における女性の雇用者数は，近年増加傾向にある。1987 年の雇用者に占める女性の割合が 38.0%，2007 年には 44.2% にまで増加した（水野谷・粕谷，2009）。しかし，管理的職業従事者に占める女性の割合は小さい。企業規模 100 人以上の日本の民間企業における管理職の女性割合は 9.3% と 1 割程度であり，米国 42.7%，ドイツ 37.8% といった先進国と比較して極めて低いといえる（水野谷，2012）。Figure 1-1 は，水野谷（2012）の表をもとに著者が作成したグラフである。就業者全体に占める女性の割合は各国とも 30 〜 40% 程度であるのに対し，管理的職業従事者の占める女性割合は，日本と韓国だけが著しく低いことが分かる。

　日本の労働者の賃金の男女比較を見てみると，男性の平均賃金水準を 100 とした場合の女性の平均賃金水準は，一般労働者で 2010 年に 67.7% まで上昇し格差は縮小したが，パートを含む全雇用者でみると 52.9% と低く，格差は拡大傾向にある（杉橋，2012）。

　わが国の女性の就労条件が法律や制度の面で整いつつあり，多くの女性が社会進出を果たすようになっても，他の先進諸国と比較して，日本の女性の職場での地位は極端に低く留まっているということがいえるだろう。

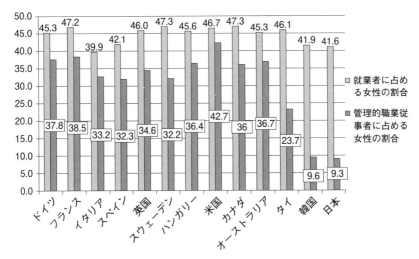

注) 2008年の性，主要国別就業者数・管理的職業従事者数・女性割合（水野谷，2012）の資料をもとに著者が作成した。

Figure 1-1　就業者全体に占める女性の割合および管理的職業従事者全体に占める女性の割合

第2節　日本の職場における女性の扱われ方

　就業女性の配置や待遇はどのようになっているだろう。熊沢（2000）によると，直接的な差別は減少してきているものの，男女適性論に基づいた職務役割の性別による固定化が職場の中に存在しており，間接的な差別は根強く残っている。そしてこの職務役割は，男性を基幹的仕事の担い手，女性を周縁的・庶務的な仕事の担い手に固定する。

　具体的には，たとえば，21世紀職業財団（1993）は，日本女性の仕事上の悩み，不満，要望を調査したところ，「雑用や私用をもっぱら女子にいいつけないでほしい」「幅広い職業能力を育成できるような配置や配置転換を行ってほしい」「そこの女の子などと呼ばないで，ちゃんと名前で呼んでほ

しい」「女子にも名刺を持たせてほしい」「女子だけにある制服を廃止してほしい」といった回答が多くあったことを報告している。ベラーディ（2010）は，日本の銀行に勤務する女性の状況について「お花のように扱われているけど，能力を出し切る場を与えられていない」と述べている。小笠原（1998）は，日本企業の会社員は性により二分化して扱われ，女性社員いわゆるOLは，男性と比較して昇進の機会が極端に限られ，補助的で責任のない事務を反復して行う場合が多いと述べている。中野（2008）は，男性が職務で過大な期待を掛けられるのに対し，女性は過小な期待しか掛けられないと述べている。

このような，男女の扱われ方の違いは，男女平等がそれなりに確立されていると見なされる公組織においても存在している。たとえば，片山（2006）はこれを示唆するものとして，地方公務員の職場について，次のように述べている。

> 男性職員と女性職員の人事上の扱われ方に著しい違いがあり，男女は同じように定期的に職場を移りながらも，男性は人事異動を通して多種多様な仕事を経験し，幅広い知識と経験を取得し人脈も築いているのに対し，女性はどこの職場に配属されても常に庶務的業務を担当させられ，その結果，頗る庶務業務には精通しているが他の業務は未経験である。(p.12)

もちろん，すべての就業女性が，常に重要で困難な職務を担っていないというわけではないだろう。金野（2001）によると，日本の職場では，担い手と独立した「仕事」という概念が明確に存在しない。したがって，女性が従来男性の担当していた仕事を担当するようになったとしても，女性の仕事が「補助的・定型的」であると解釈され続けることが容易になる。このことはすなわち，日本の多くの女性就業者は困難な職務を遂行したとしても，それ

がなかなか高い評価につながらないということを意味する。なぜなら女性の担当する職務は常に「簡単なはずだ」と評価されるからである。

以上の記述が示すように，多くの日本企業では，就業女性は個人の能力以前に，「女性」という性によるまとまりとして明確に区分されている。

心理学研究の領域における研究からは，佐野・宗方（1999）や小林（2009）により，就労女性が上司や同僚から「うちの女の子」「おばさん」と呼ばれたり，「この仕事は女性には無理」「女には重要な仕事は無理だ」と言われたり，女性だということでお茶くみや雑用をする役割を固定されたりするという調査結果が得られている。

就業女性に対するこれらの言動は，ジェンダー・ハラスメントという言葉でくくられるだろう。日本の職場に存在する女性に対するジェンダー・ハラスメントは，宗方（2001）により「性別に基づく差別的な言動や，女性を一人前扱いしない発言などによる嫌がらせ」と解説され，就業女性の多くが日常的に経験していることが指摘されている。しかし，ジェンダー・ハラスメントは，心理学研究では，セクシュアル・ハラスメントの一形態として論じられてきたが，性的強要といった犯罪に該当するようなタイプのセクシュアル・ハラスメントと比べれば深刻さの度合いが低いため，日本においては対策が進んでいるとはいえない。このように日本の就業女性の扱われ方を概観すると，日本の職場は依然として女性の能力発揮が困難な状況といわざるをえないだろう。

第3節　まとめ

近年，日本では女性の職場への進出が目覚しい。しかし，それは量的な進出であって，質的な，すなわち専門的業務や管理的業務への拡大には至っていない。これには，「女性は責任感がない」といった指摘に代表されるような女性の側の問題と，女性への差別的な待遇といったような企業側の問題が

存在しており，この2つが相互作用を持ち，一種の悪循環を生んでいることが原因として挙げられる。これらを切り離して片一方の存在のみを問題にして解決することはできないだろう。

　しかし，多くの性犯罪が男性により行われるからといって，すべての男性の行動を監視し制限することが許されないのと同じように，たとえある女性に仕事に対する責任感が欠けていたからといって，そのことを理由に，他の女性の能力発揮の機会を奪うことは許されないだろう。性犯罪を犯した男性の責任が他の男性には及ばないのと同様に，ある女性の責任感の欠如は，他の女性の責任ではないからである。このように考えると，就業者は，本来それぞれが権利・義務の主体である一人一人の個人であるはずが，職場における女性は「女性」として一括りにされて個々の意思や能力は無視されているということが判るだろう。

第2章　様々な国・文化の中の性差別

第1節　はじめに

　ジェンダー・ハラスメントを論じるうえで，社会における男女の格差の問題は避けて通れないだろう。日本の社会では，現代においても男女に大きな格差が確認されている。第1章で言及したように，水野谷（2012）によると，日本の企業規模100人以上の民間企業における管理職の女性割合は男性に比べると極少数である。職階別の割合では，係長13.7%，課長7.0%，部長4.2%と，職階が上がるにつれて減少する。また，様々な国においても男女格差は依然存在している。管理職の女性割合を主な先進国と比較すると，ドイツ37.8%，フランス38.5%，イタリア33.2%，スペイン32.3%，英国34.6%，カナダ36.2%であり，多くの国が3～4割である。米国では42.7%であり，男女差は僅かである。これに対して日本の女性割合は9.3%と1割程度であり，他の国と比較しても極めて低い。

　男女共同参画白書平成26年版によると，研究者に占める女性の割合の国際比較（EU加盟国及び主要国）では，ポルトガル49.4%，ロシア41.2%，スペイン38.7%，イギリス37.7%，フランス25.6%，アメリカ33.6%である。日本は14.4%で，32か国中最下位である。

　男女の格差に関する人々の意識についてはどうであろうか。2002年の「男女の平等感の国際比較調査（飯島，2012）によると，日本，韓国，フィリピン，アメリカ，スウェーデン，ドイツ，イギリスの7か国で見てみると，どの国の男女も「男性の方が非常に優遇されている」「どちらかといえば男性の方が優遇されている」と考える割合が，「女性の方が非常に優遇されている」

「どちらかといえば女性の方が優遇されている」を上回っている。

　このような男女の格差が存在する原因のひとつとして，社会心理学は人々の持つ性差別主義を取り上げている。性差別主義とは，「男性と女性の間の不平等な地位を与える態度や信念や行動」である。つまり，人々の持つ女性に対する性差別的な考えが，社会における男女の格差の一因となっているということである。

　そこで本章では，いくつかの国や文化を対象とした性差別に関する研究・調査について整理する。ジェンダー・ハラスメントは，性差別的意識や性差別的態度が行動となって表出したものと捉えられる。このため，ジェンダー・ハラスメントの規定因となる性差別に関する研究のうちの「両面価値的性差別」「現代的性差別」「ネオ・セクシズム」について概観する。

第2節　性差別に関する社会心理学的研究

1．両面価値的性差別

　性差別は，社会心理学の研究領域で，従来女性に対する男性の否定的，差別的態度や信念，行動として扱われてきた。これに対して，女性に対する明確な悪意と敵意を含む性差別のほかに，それとは対極的な悪意や敵意を表面的には含まない性差別の存在を明らかにしたのが，Glick & Fisk（1996）の提唱する両面価値的性差別（ambivalent sexism）という概念である。両面価値的性差別では，男性の社会的優勢に抵抗したり，異を唱えたりする伝統的性役割に一致しない女性に対する否定的な態度やステレオタイプを，敵意的性差別（hostile sexism）と呼び，専業主婦のような伝統的性役割に一致する女性に対して，清純で道徳的に優れた男性にとって必要で保護されるべきものとみなす好意的な態度や価値観を，慈悲的性差別（benevolent sexism）と呼んだ。両面価値的性差別理論は，女性に対するネガティブな感情や態度だけでなく，女性に対するポジティブな感情や態度も性差別主義であるとし，

性差別主義が女性に対するネガティブな感情とポジティブな感情の双方を有していると仮定している点が特徴的である。敵意的性差別尺度は，具体的には，「表向きは『平等』を望んでいる様子を見せながらも，多くの女性は実際には男性よりも女性を優遇するような雇用政策といった特別な措置を求めている」「女性は公平に競争した結果，男性に敗れたときにも，差別のせいであると決まって不平を言う」といった項目から構成されている。慈悲的性差別尺度は，「女性は，男性から大事にされ，守られなければならない」「災害のときには男性よりも女性のほうが優先して助けられるべきである」といった項目から成り立っている。

　Nueray & Glick（2003）は，トルコの男女を対象として，この2つの形態の性差別が，婚前交渉に対する男女意識とどのような関係にあるか調査を行っている。Nueray & Glick（2003）は，両面価値的性差別と，政治的保守性，年齢，教育，性別といった人口統計的変数，性的経験と女性の婚前交渉に対するトルコ男性，女性の態度との関係を検討した。慈悲的性差別は，他の変数を統制すると女性の婚前交渉に対する否定的な感情に影響を与えていた。重回帰分析の結果，男女とも政治的に保守的な回答者，年齢が高い回答者，そして性的経験が少ない回答者が，女性の婚前交渉に反感をより持ちやすかった。教育水準では，男性においてのみ，それが高くなるほど女性の婚前交渉に反感をより持ちやすかった。同様に，重回帰分析の結果，年齢が高く，政治的に保守的で，性的経験が少ない男性は，婚姻時女性が処女であることを強く望んでいた。敵意的性差別，慈悲的性差別の両方が婚姻時の処女に対する男性の嗜好に影響を与えていた。

　Glick, Lameiras, & Castro（2002）は，スペインの男女を対象に，女性に対する両面価値的性差別と男性に対する両面価値的性差別について調査を行っている。Glick et al.（2002）は，教育と信心深さが男女それぞれに対する敵意的性差別，慈悲的性差別とどのような関係にあるかについて，両面価値的性差別尺度（Ambivalent Sexism Inventory；ASI；Glick & Fisk, 1996）と

Ambivalence toward Men Inventory（AMI；Glick & Fisk, 1996）を用いて，スペインの1003名の男女を対象に検討した。その結果，スペインの男女とも，教育水準が敵意的性差別と慈悲的性差別に負の影響を及ぼしていた。また，カトリック教の信心深さは，慈悲的性差別を予測したが，敵意的性差別は予測しなかった。これらのデータは，カトリック教会の行事への参加が男女の不平等を適法とするような慈悲的性差別観を強化するという考えと一致していた。これらの結果から，性差別論者の信念を小さくするには教育が効果的であるだろうと述べている。

Glick, Fiske, Mladinic, Saiz, Abrams, Masser et al.（2000）は，敵意的性差別と慈悲的性差別が文化を超えて存在しているか検討する目的で，19か国の男女を対象に調査を実施した。その結果，敵意的性差別と慈悲的性差別は，国を超えて一貫して正の相関を持つことが示された。つまり，男性優位な状況が敵意的性差別を生じさせ，女性の従属性を強調する積極的な態度である慈悲的性差別を育むという相補的な関係性が，文化を超えて存在していることが示された。また，敵意的性差別は，女性に対する否定的なステレオタイプの原因となり，慈悲的性差別は肯定的なステレオタイプの原因となる。男性と比較すると，とりわけその文化の中で，全体の性差別が高いレベルの場合，女性は慈悲的性差別よりも敵意的性差別をより拒絶する。慈悲的性差別と敵意的性差別の国ごとの平均は，その国の男女の不平等を予測する。これらの結果から，世界の国々には敵意的性差別とそれを補完する慈悲的性差別が流布しており，これらの性差別がその国の男女の不平等に反映されているといえる。

2. 現代的性差別

現代的性差別（modern sexism）とは，Swim, Aikin, Hall, & Hunter（1995）が提唱した新しい形態の性差別（セクシズム）である。Swim et al.（1995）は，時代の変化とともに，女性に対するあからさまな差別的態度は減りつつある

が，社会における女性の待遇はあまり良くなっていないことに着目した。そして，その原因は，女性へのあからさまな性差別は減少していても，実は差別の形態が曖昧で分かりづらくなっているだけであり，依然性差別が存在しているからであると考えた。Swim et al.（1995）はこの曖昧な新しい形態の差別を従来の性差別（古典的性差別）に対し現代的性差別と呼び尺度を作成した。Swim et al.（1995）はこの尺度開発にあたり，米国の社会に存在している人種差別（racism）の現代的人種差別（modern racism）を参照した。古典的性差別尺度は，「一般的に，女性は男性ほど賢くない」「女性の上司であっても，男性の上司と同じような関係を築ける」「女性は男性と同じように理論的思考が可能である」といった項目から構成されている。現代的性差別尺度は，「女性に対する差別はアメリカにおいては，もう問題ではない」「テレビで女性が，性差別的に描かれることは稀である」「一般的に言って，私たちの社会では，夫と妻は平等である」といった項目から構成されている。

　Swim et al.（1995）はこの尺度の妥当性を検討するためにアメリカで心理学を受講する男女の学生に対して質問紙調査を行った。アメリカ社会における12の職業について，男女がそれぞれに占める割合を推定するように求めたところ，現代的性差別尺度の得点が高い者は低い者よりも，医師，エンジニア，建築士，パイロットといった男性的職業に占める女性の割合を実際よりも高く見積もっていた。このことは，現代的性差別の考えを持つ者は持たない者よりも，アメリカ社会に現に存在している男女の格差を実際よりも低く評価しているという事実を示している。

3. ネオ・セクシズム（Neo sexism）

　ネオ・セクシズムは，Tougas, Brown, Beaton, & Joly（1995）により提唱された新しい形態の性差別である。前述のSwim et al.（1995）と類似した概念で，女性に対して残っている否定的感情との葛藤と定義されている。Tougas et al.（1995）は，Swim et al.（1995）と同様に，職場での男女平等

は浸透しつつあるが，なぜか実際上の不平等がなくなっていないという現状に着目した。例えば，北アメリカの女性は，学歴や勤続年数が同等の男性と比較して収入が少ない。女性の労働は低所得に集中し，この現象は「pink ghettos」と呼ばれている。この原因を北アメリカの黒人に対する差別に関する研究と並行して検討した。ネオ・セクシズム尺度は，「カナダにおいて，労働場面での女性に対する差別はもはや問題ではない」「女性たちは，自分たちが望まれていない場所に無理に参入しようとすべきではない」といった項目から構成されている。Tougas et al. (1995) は，この尺度を用いてカナダの男子学生を対象に調査を行った結果，ポジティブ・アクションにより，就職や昇進や給与において男性に不利益がもたらされると考える者ほどネオ・セクシズムの得点が高く，ポジティブ・アクションに対して反対する態度を有していることが示された。

第3節　まとめ

近年，あからさまな性差別が解消されつつあるにもかかわらず，男女の格差が依然存在している (Swim et al., 1995；Tougas et al., 1995)。Swim et al. (1995) や Tougas et al. (1995) は，この原因を「巧妙な」「目に見えない」新しい形態の性差別が存在しているためと考えた。また，Glick & Fisk (1996) は，伝統的な女性に対する好意的な感情も性差別のひとつの側面であることを明らかにし，慈悲的性差別が結果的に男女格差を維持していると考えた。

第3章　セクシュアル・ハラスメント研究の歴史

第1節　はじめに

　1991年から2010年までの間に刊行された「gender harassment」という語を表題に掲げている学術誌を2010年9月9日付で学術文献データベースPro Quest 5000から検索した結果，検出されたのは8件にすぎなかった。この結果から，ジェンダー・ハラスメントに関して焦点を絞って検討している研究は少なく，ジェンダー・ハラスメントという語が論文の表題に入っている論文も極めて少ないことが窺える。また，ジェンダー・ハラスメントは，前述のように多くの場合セクシュアル・ハラスメント概念の一形態として扱われ，犯罪を構成するような最も深刻な形態のセクシュアル・ハラスメントである「性的強要」と同一の概念の中に位置づけられているため，相対的に深刻性の低い行為として位置づけられ，これのみを取り出して吟味している研究は多くない。

　したがって，先行研究におけるジェンダー・ハラスメントを整理するにあたっては，まずはセクシュアル・ハラスメントに関する文献を調査しなければならない。

　そこで本章では，セクシュアル・ハラスメントに関する先行研究の内容を概観するとともに，ジェンダー・ハラスメントに触れている研究を紹介する。

第2節 セクシュアル・ハラスメントとは

1. 法的問題としてのセクシュアル・ハラスメントの顕在化

組織におけるセクシュアル・ハラスメントの過去は長く,歴史は短い
(Hulin, Fitzgerald, & Drasgow, 1996)

この言葉は,セクシュアル・ハラスメントに該当する行為が命名され価値を与えられる前から,この行為が存在し続けていたということを示す。おそらく女性が初めて職場に参入してからずっと,この行為は存在していただろうが,このことが米国の法廷で初めて争われたのは1970年の初頭である(Fitzgerald, 1990)。それまでは,米国においてもセクシュアル・ハラスメントを組織の範疇を超えた,行為者と被害者の私的な問題として捉えていた。しかし,1970年の終わりに変化が起こった。米国の裁判所は雇用者の性的要求に応じなかったことにより離職に追い込まれた女性の訴えを認め,その行為を対価型のセクシュアル・ハラスメントとし,公民権法に規定される違法な性差別であることを示した(Cortina & Berdahl, 2010)。さらに,米国におけるセクシュアル・ハラスメントの法的な定義は,1980年代に環境型セクシュアル・ハラスメントに拡大された。すなわち,性的な強要といった対価型のセクシュアル・ハラスメントのみならず,必ずしも職務上の利益を損ねる結果を伴わなくてもセクシュアル・ハラスメントは成立すると認められるようになったのである(Cortina & Berdahl, 2010)。それ以降,米国では,セクシュアル・ハラスメントは,性別やジェンダーに基づく差別の形態のひとつとして争われている(Pryor, DeSouza, Fitness, Hutz, Kumpf, Lubbert et al., 1997)。

日本において,セクシュアル・ハラスメントという言葉が米国から入って

きたのは1980年代である。それ以前は，この行為を明確に規定する言葉は存在していなかった。しかし，これに該当する行為は古くから存在していただろう。その後，セクシュアル・ハラスメントは，「セクハラ」という略称で1989年の「流行語・新語大賞」となって多くの人々に知られるようになった。さらに，1990年代には，「米国三菱自動車工業セクハラ事件」の一連の報道により，再び社会問題化した（田中, 1996）。

「セクシュアル・ハラスメント」は，一度日本の多くの人々に知られるような言葉となっていながら，時間をおいて再び社会問題化した背景には次のことが考えられる。すなわち，1989年当時の日本では，セクシュアル・ハラスメントは，セクハラという略語によって知られるようにはなったものの，この言葉の指し示している内容が十分に吟味されることなく，興味本位に面白半分に扱われることで広まっていたという可能性である。この時点では，多くの日本人は，身近なところにセクシュアル・ハラスメントが存在していることに気がついていなかったのではないだろうか。しかし，1996年に米国三菱自動車は，米国政府機関の雇用機会均等委員会（EEOC）に公民権法違反で提訴されている。いわゆる「米国三菱自動車工場セクハラ事件」である。この事件を契機に「日本企業では，女子社員は芸者であることを求められている」といった日本文化への批判や，大規模なジャパン・バッシング，消費者からの不買運動が巻き起こり，三菱自動車は，約48億円の支払いで原告と和解した。日本人はこの事件をとおして，セクシュアル・ハラスメントに該当する行為は，実は日本の企業風土においては，ごく当たり前の女性に対する日常的な言動であることに気付かされたのではないかと推測される。

2. 心理学研究におけるセクシュアル・ハラスメントの定義

セクシュアル・ハラスメントの問題の社会化の背景には，加害者やそれを放置する組織にとっては経済的問題に発展する恐れがあるため，広く関心が寄せられたという側面もあるだろう。このような法的な問題としてのセク

シュアル・ハラスメントに対する一般的認識の高まりと連動して，心理学研究においてもこの問題に光が当てられるようになっていった。心理学の領域では，まずは被害者の主観的経験に問題の焦点を絞り，セクシュアル・ハラスメントの操作的定義の開発に研究が集中した。このためCortina & Berdahl（2010）により指摘されているように，法的定義と比較すると，心理学的定義はよりその範囲が広く捉えられている傾向がある。

　心理学の領域でのセクシュアル・ハラスメント研究の第一人者であるFitzgerald（1990）によるセクシュアル・ハラスメントの定義は，田中（1996）の邦訳によると次のとおりである。

　　セクシュアル・ハラスメントは，公的な権限が異なる状況の下で，性差別的もしくは性的な見解・要求・必要条件を導入したり強制することによって，道具的関係を性的な関係にすることによって成立する。嫌がらせ（ハラスメント）は，また，もしある行動がある女性にとって不快なものであれば，公的な地位の差が存在しなくとも起こり得る。

　この定義は，心理学研究での操作的定義であって，具体的な個々の行動の一つ一つについて限定的あるいは例示的に規定されているわけではない。ここでは，セクシュアル・ハラスメントの要素として，その行為が性差別的，性的であることが挙げられ，抽象的な概念として整理され規定されている。
　しかし，ある言動が性差別的であるか，性的であるかといったような価値を含んだ個人の判断は，その人の性別によって異なるかもしれない。また，その人の属する国や文化的な背景に依存するだろう。つまり，組織の文化や風土が異なれば，セクシュアル・ハラスメントの態様も異なるだろうし，それに対する判断も性別によって違いがあるだろう。このため，セクシュアル・ハラスメント研究では，予めセクシュアル・ハラスメントに該当しうる行為について尺度構成し，その尺度を用いて調査が実施されている。

第3節　セクシュアル・ハラスメントに関する先行研究の内容

1. セクシュアル・ハラスメントの発生と被害女性に及ぼす影響

　セクシュアル・ハラスメントは文化を超えて，多くの国で発生しており，それを受けた女性に対する様々な悪影響が確認されている。

　Gutek & Koss（1993）は，多くの文献を調査する中で，米国のセクシュアル・ハラスメントの状況について報告している。たとえば，米国ではセクシュアル・ハラスメントが原因で離職する女性がおよそ10人に一人の割合で存在しており，過去2年の間36,000人を超える国家公務員が，セクシュアル・ハラスメントが原因で離職し，配置転換に合い，解雇されている。さらに，このように解雇されたり離職したりする女性の中で，他の仕事に就く望みを失ってしまう女性も多い。また，セクシュアル・ハラスメントは女性の職務満足や組織コミットメントに負の影響を与えている。多くの調査者は，ジェンダーに基づくいじめは，男性よりも女性の方に抑うつと関連する傾向が高いと推測している。

　Hulin et al.（1996）は，セクシュアル・ハラスメントが生起する過程を統合し，統合過程モデル（integrated process model）として提唱した。これは，セクシュアル・ハラスメントを規定する先行要因と媒介要因と結果変数を統合しようとする試みである。このモデルにより，セクシュアル・ハラスメントの先行要因には，セクシュアル・ハラスメントを放置する組織風土と男性優位な職務状況があり，これらがセクシュアル・ハラスメントを助長し，ターゲットである女性の職務満足や健康状態に悪影響をもたらすことが確認された。なお，この統合過程モデルが日本の組織においても当てはまるかどうかに関して，角山・松井・都築（2003）が検討している。その結果，セクシュアル・ハラスメントに対する組織の寛容度はセクシュアル・ハラスメントの生起と有意な関連があることが確認されたが，もう一つの先行要因である職務状況とでは有意な相関が見られなかった。また，セクシュアル・ハラ

スメントがもたらす影響では，被害者の傷つきやすさ傾向を調整要因とし，身体的ストレス反応を引き起こすことが指摘されている。

ところで，セクシュアル・ハラスメント被害は女性と男性とでどちらがより深刻な問題となるのだろうか。セクシュアル・ハラスメントを受けた頻度とその影響を男女で比較している研究はいくつか見られる。いずれも女性の受ける被害は男性の受ける被害よりもより深刻であると報告している。例えば，Gutek & Koss（1993）によると，セクシュアル・ハラスメントを受ける頻度は男性よりも女性が多く，女性へのセクシュアル・ハラスメントは性差別と同時に発生しているが，男性に対するセクシュアル・ハラスメントは性差別とは関連が見出せないことを指摘している。Pryor & Fitzgerald（2002）は，多くの文献を調査しているが，セクシュアル・ハラスメントの被害の多くは女性であり，行為者の多くは男性であると述べている。また，Parker & Griffin（2002）では，ジェンダー・ハラスメントは男性優位の職場や文化的背景で発生し，女性に対してより深刻な影響を及ぼすことがイギリスの警察組織を対象とした調査により確認されている。

セクシュアル・ハラスメントに関する研究が米国を中心とした西欧に集中している中で，Kyu & Kanai（2003）では，ミャンマーにおける働く女性のセクシュアル・ハラスメントの経験とその影響を調査するため，大学機関，政府機関，民間企業の被雇用者，看護師の4つの組織を対象に質問紙調査を実施している。質問紙には，Fitzgerald, Shullamn, Bailey, Richards, Swecker, Gold et al.（1988）によるセクシュアル・ハラスメント経験調査票（Sexual harassment Experience Questionnaire）をミャンマー語に翻訳したもの28項目を用い，職場の男性からどの程度それらを受けたかについて評定させている。因子分析の結果，米国での研究結果と若干構造は異なるが，3因子（望まない性的注目：9項目，ジェンダー・ハラスメント：9項目，性的強要：4項目）が抽出され，ミャンマーの働く女性の55％がジェンダー・ハラスメントに該当する行為を少なくとも1種類は経験していることが明らかになった。

ミャンマーにおいても，ジェンダー・ハラスメントはセクシュアル・ハラスメントの中で最も頻繁に起こるハラスメントであることが確認された。また，ジェンダー・ハラスメントの経験は，心身に悪影響を及ぼし，職務満足の低下など仕事へも悪影響が及ぼされることが示された。先行研究同様，ミャンマーにおいても深刻なハラスメントはよりネガティブな影響を引き起こすが，性的強要よりは深刻性が低いと思われるジェンダー・ハラスメント経験であっても，実はさまざまな種類の影響を引き起こすことが確認された。

これらの結果を概観すると次のことが言えるだろう。あらゆる国でセクシュアル・ハラスメントが発生しており，そのターゲットとなるのは主として女性である。そして，セクシュアル・ハラスメントは，男性よりも女性の方に，より深刻な影響をもたらす。

2. 集団レベルでの影響

Raver & Gerfand（2005）は，セクシュアル・ハラスメントに関する研究や理論は，主に個人に焦点が絞られており，チームや組織レベルでの成果については考慮されていなかったことに着目した。そして，セクシュアル・ハラスメントとチーム内の葛藤や結束，組織市民行動[1]，経営業績との関連を検討した。Raver & Gerfand（2005）は，Fitzgerald, Magley, Drasgow, & Waldo（1999）によるセクシュアル・ハラスメント測定尺度を使用した。この尺度では，セクシュアル・ハラスメントは，sexist hostility（性差別的な敵意），sexual hostility（性的な敵意），unwanted sexual attention（望まない性的注目）に分類されている。性差別的な敵意は，「ジェンダーに基づいて差別する侮辱的な言語的・非言語的行動」と定義され，「あなたの性別によって異なる扱いを受けた」といった項目で構成されている。

---

1 田中（2004）により邦訳されたOrgan（1988）の定義によると，従業員が行う任意の行動のうち，彼らにとって正式な職務の必要条件ではない行動で，それによって組織の効果的機能を促進する行動。

階層的重回帰分析を行った結果,セクシュアル・ハラスメント全体とチーム内の葛藤は負の関連が見出され,セクシュアル・ハラスメントを構成する要因である性的な敵意,望まない性的注目とも有意な負の値を示したが,性差別的な敵意はチーム内の葛藤に対して有意な値を示さなかった。チームの結束では,セクシュアル・ハラスメント全体では有意な値とならなかったが,性的な敵意のみが負の有意な値を示した。チームへの組織市民行動とセクシュアル・ハラスメントの関連は見出されず,すべての因子でも有意とならなかった。チームの経営業績との関連では,セクシュアル・ハラスメント全体から見て有意とならなかったが,性的な敵意においてのみ有意な負の関連が見出された。さらに,セクシュアル・ハラスメントのチームの経営業績への間接的影響について検討された。その結果,セクシュアル・ハラスメントは,チーム内の葛藤,チームの結束を媒介してチームの経営業績に影響を及ぼすことが確認された。

以上のように,Raver & Gerfand (2005) は,セクシュアル・ハラスメントは就業女性の個人へ悪影響が及ぼされるといった従来の知見を拡大し,チーム全体の経営業績にも悪影響が及ぼされるということを示した。

3. セクシュアル・ハラスメントに対する判断の性差

ある行為がセクシュアル・ハラスメントに該当するか否かの判断には,果たして性差があるのだろうか。一般的には,男性は女性よりもセクシュアル・ハラスメントに対する評価が甘く,親しみの情や友愛の気持ちと捉えやすいと考えられている。

これを裏付けるものとして,セクシュアル・ハラスメントの捉え方の性差に関し,いくつかの研究結果が示されている。たとえば,Gutek (1983) は,仕事の話をして身体に触るといった行為でも,男性は女性よりもその行為を肯定的に捉えていることを確認している。また,Rotundo, Nguyen, &

Sackett（2001）は性差に関する文献を収集し，メタ分析[2]を試みているが，その結果も女性は男性よりもハラスメントと捉える行為の範囲が広いことが示されている。たとえば，性的な強要といった最も深刻な行為ではなく，女性を傷つけるような態度やデートに誘うといった行為を，女性は男性よりセクシュアル・ハラスメントと捉えやすい。

　このように，一般的には，女性は男性よりもセクシュアル・ハラスメントに対して広く解釈するようである。したがって，多くの男性がセクシュアル・ハラスメントと知覚しない行為でも，その行為は女性にとってはセクシュアル・ハラスメントと知覚されやすいといえる。このことから，男性よりも同性である女性の方が，当該行為をセクシュアル・ハラスメントと知覚しやすく，女性はセクシュアル・ハラスメント被害の訴えを提起した被害女性に寄り添った立場をとることが予想されるだろう。しかし一方で，男性よりも，むしろ女性の方がセクシュアル・ハラスメントの被害を受けた女性に対して，当該行為を被害者の統制可能な問題として厳しく評価しているという結果が示された日本の研究もある（窪田・蒲原，2000）。

　Elkins, Phillips, & Ward（2008）は，セクシュアル・ハラスメントの訴えに対する組織の判断を周囲の女性がどのように知覚するかについて，その訴えを調査した者が組織の内部の者か外部の者か，男性か女性かといった観点から調査を行った。一般的には，調査者が女性で外部の者である場合が，女性の観察者からは公正であると知覚されやすいことが予想されるだろう。これについてのElkins et al.（2008）の場面想定法[3]による調査結果は，観察者には組織が実施するセクシュアル・ハラスメント調査への知覚的偏見が存在することを示したが，それは予想とは異なるものだった。観察者はハラスメントが発生した組織で働いている内部の調査者に対して，その判断がより

2　メタ分析とは，ある問題を先行研究の結果を用いて理論的に統合・検証するという手法である。
3　場面想定法とは，質問紙を用いた実験の一つの形式で，被験者にシナリオで描写された場面の中に自分がいると想定して，主観評価を行わせる方法である。

偏っていると知覚し，犠牲者に対しては提訴すべきだという強い考えを持っていることが示されたが，調査者が男性であるか女性であるかということは，観察者の知覚に影響を与えていなかった。

4. 様々な国や文化におけるセクシュアル・ハラスメントの判断の性差の比較

前述のように，セクシュアル・ハラスメントの判断にはいくつかの研究により性差が見出されている。しかし，Pryor et al. (1997) は，それらの研究の多くは米国のサンプルにのみ基づいて行われたものであるということに着目した。そして，交差文化的視点からオーストラリア，ブラジル，ドイツ，米国の大学生を対象にセクシュアル・ハラスメントについての判断における性差について場面想定法による調査を実施した。Pryor et al. (1997) は，セクシュアル・ハラスメントとなり得るかの判断に，4種類の具体的なシナリオを設定している。シナリオのうちの1つのパターンは次のとおりである。

> J.W教授は，大きな州立大学のセミナー・クラスで教えている。サンドラは，現在そこの学生である。ある日の夕方，教授は校内を歩いているサンドラに出会った。少しの間，サンドラが教授のクラスで書いている論文について話をした後，教授はサンドラに今度の週末一緒に夕食をとらないか誘った。

このシナリオのうち，「現在の学生」の部分に「現在」・「過去」の2つの水準を設定し，教授がサンドラを勧誘する内容には，性的・社会的勧誘（夕食の誘い）と，専門的勧誘（調査のアシスタントとして調査チームに参加）の2つの水準を設定した。したがって，ここで提示されるシナリオは2×2の4通りであった。これらについて教授のとった行動がどの程度セクシュアル・ハラスメントとしてみなされるか評定させた。

その結果，セクシュアル・ハラスメントの評定に性差が確認されたのは，ブラジルと米国のみであった。米国の女性は，男性よりも，性的・社会的勧誘の条件でセクシュアル・ハラスメントの可能性があると評定した。一方，ブラジルでは，女性よりも男性の方が，セクシュアル・ハラスメントとなる可能性があると評定することが多く，米国とは反対の結果となった。ドイツとオーストラリアの男女の参加者は，セクシュアル・ハラスメントを否定的な行動と評定し，これに性別による差は確認されなかった。

　社会における男女の格差や女性に対する偏見は，様々な国，文化で確認されている。したがって，女性に対する偏見に基づく行為であるセクシュアル・ハラスメントに該当する言動は，おそらくどの国にも存在しているだろう。しかし，米国で想定されたセクシュアル・ハラスメントのシナリオの状況が，どの国においてもセクシュアル・ハラスメントに当てはまるかどうかは別の問題であるだろう。女性に対する偏見それ自体はどの国やどの文化でも存在していても，国や文化というフィルターを通した「行為」という形式をとって表出されたセクシュアル・ハラスメントは，それぞれの国や文化を背景として別の意味づけがなされる可能性があるだろう。例えば，この研究で使用されたシナリオでは，ブラジルの男性の方が女性よりも，教授の行いをよりセクシュアル・ハラスメントと判定していた。このことは，米国で想定されたセクシュアル・ハラスメントの状況が，必ずしもブラジルの状況に適合していないことを示しているのではないだろうか。

　このことから，様々な国におけるセクシュアル・ハラスメントの態様を調査する場合は，個別具体的な行為を提示するのではなく，その国，文化における女性の状況を調査した上で，その国，文化に合わせた調査を実施する必要があるといえる。

5. セクシュアル・ハラスメントに対する反応

　セクシュアル・ハラスメントを受けた人は怒りを覚え直接的にその行為に

異議を唱えると一般的には信じられている。このため，セクシュアル・ハラスメントの犠牲者は，しばしばその時に「なぜ抵抗しなかったのか」と責められることがあるだろう。しかし，実際にセクシュアル・ハラスメントを受けている女性は，それに抗議することが容易にはできないことがWoodzicka & LaFrance（2001）により確認されている。

　この研究では，セクシュアル・ハラスメントを受けたと想像してもらい，それに自分がどう反応するか予想した場合と，実際にハラスメントを受けたときの反応が比較された。その結果，女性たちの反応はこれら2つの条件下で全く異なっていることが示された。すなわち，自分がハラスメントにどう反応するか想像しただけの場合は，ハラスメントに対して自分は拒否し抵抗できると予想していた。しかし，実際にハラスメントを受けている状況では，女性たちは拒否することができなかった。彼女たちに最も頻繁に表れたのは恐れの表情だった。

　このように，単に想像する場合と実際に直面する場合とでその人の反応が大きく異なるところに，セクシュアル・ハラスメントの問題が潜んでいるのではないだろうか。

第4節　セクシュアル・ハラスメント研究の中に見られるジェンダー・ハラスメント

　ジェンダー・ハラスメントを整理するにあたって，セクシュアル・ハラスメントに関する先行研究のうちで，特に日本におけるジェンダー・ハラスメントに関して，個別にその影響に言及している論文について，次のとおり整理した。

　佐野・宗方（1999）は，日本の組織では発生しにくい対価型ハラスメントを研究対象から除外し，ジェンダー・ハラスメントの項目を9項目採用し，民間企業の社員を対象とした大規模な調査を行っている（Table 3-1）。

Table 3-1 ジェンダー・ハラスメント尺度を構成する項目（佐野・宗方，1999）

1. 「男（女）のくせに」「女（男）みたい」などの発言
2. 「この仕事は女性には無理」「この仕事の担当は男性がいい」などの発言
3. 男性は姓で呼ぶのに，女性を名（例「○子さん」「○○ちゃん」など）で呼ぶ
4. 女性を姓名でなく，「うちの女の子」と呼ぶ
5. 服装，髪型，化粧などについての意見を頻繁に言う
6. 「胸が大きい」「髪が薄くなった」など，体型や容姿についての発言
7. 「それじゃ結婚できないよ」「旦那さん（または奥さん）に逃げられるよ」などの発言
8. 「若い子はいいね」「おじさん」「おばさん」などの発言
9. 「まだ結婚しないの」「どうして結婚しないの」などの発言

　ここでは，セクシュアル・ハラスメントの被害者のほとんどが女性であることを踏まえつつも，男女両方が加害者・被害者になりうることを前提として被行・実行について調査している。調査の結果，ジェンダー・ハラスメントは，先行研究同様，他のセクシュアル・ハラスメントに比べもっとも頻繁に起こっているハラスメントであることが確認された。少なくともひとつ以上の項目を受けていると回答した人は86.4%存在した。さらに，ジェンダー・ハラスメント被行者の6割は，それを経験したことによる悪影響は特になかったと回答しているものの，「仕事をやる気がなくなった」「自分に自信をなくした」と回答している者も少なからず存在していることを指摘している。

　角山ほか（2003）はジェンダー・ハラスメント5項目を用いて日本の女性従業員を調査し，米国の調査結果と比較している。日本におけるジェンダー・ハラスメントの発生率は5.83%から27.95%と，米国の21.82%から50.82%と比較して低い値に留まった。この原因の一つとして角山ほか（2003）は，使用した質問紙が日本の女性従業員がおかれた職場でのセクシュアル・ハラスメント体験に必ずしもそぐわない，文化に依存した項目を含んでいたと考えられると述べている。

第4章　心理学研究における
　　　　ジェンダー・ハラスメント

第1節　はじめに

　ジェンダー・ハラスメントに該当するような行為は，職場で頻繁に発生しているにも拘わらず，研究事例が極めて少ない。本章では，職場で女性が受けるジェンダー・ハラスメントに焦点を絞り，その実態について主に心理学における過去のセクシュアル・ハラスメントに関する調査から概観する。

第2節　心理学研究におけるジェンダー・ハラスメントの位置づけ

1．ジェンダー・ハラスメントの定義

　心理学研究におけるジェンダー・ハラスメントは，Fitzgerald, Gelfand, & Drasgow（1995）により，「性的関係を意図しないが，女性を侮辱し，敵意を伝え，品位を落とすような態度をとること」と定義され，セクシュアル・ハラスメントの一形態として位置づけられている。これは心理学研究におけるジェンダー・ハラスメントの有力な定義であり，ジェンダー・ハラスメントに関する研究の多くは，この定義に基づいて検討されている（例えば，Berdahl, 2007；Magley, Hulin, Fitzgerald, & DeNardo, 1999）。

　また，ジェンダー・ハラスメントに分類される行動は，心理学研究においてのみならず，法律上も分類・規定されている。1980年に米国の雇用機会均等委員会（EEOC：the Equal Employment Opportunity Commission）は，セク

シュアル・ハラスメントについてガイドラインを設けた。これによると、セクシュアル・ハラスメントは対価型と環境型に区分されている（Fitzgerald et al., 1995）。この対価型・環境型の区分について、田中（1996, 2008）は、対価型セクシュアル・ハラスメント（Quid Pro Quo）とは、職務上の地位を利用したり、何らかの雇用上の利益の代償あるいは対価として性的要求が行われるものであり、環境型セクシュアル・ハラスメントとは、はっきりとした経済的不利益は伴わないにしろ、それを繰り返すことによって職務の円滑な遂行を妨げる等、就業環境を悪化させる性的言動のことであると解説している。Figure 4-1 は、Fitzgerald et al.（1995）によるセクシュアル・ハラスメントの定義と EEOC の区分との関係を Fitzgerald et al.（1995）が示したものであるが、ここに示されるように、ジェンダー・ハラスメントは EEOC の区分では環境型セクシュアル・ハラスメントに属する。

日本においては、ジェンダー・ハラスメントという言葉でこの問題を扱った研究は少ないが、宗方（2001）により「性別に基づく差別的言動や女性を一人前扱いしない発言などによる嫌がらせ」と解説されている。

心理学以外の領域の研究においては、Herring（1999）は、インターネットを媒介したコミュニケーションにおけるジェンダー・ハラスメント研究を

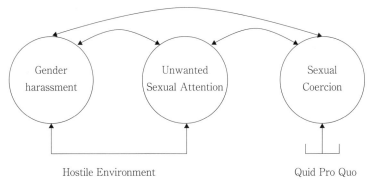

Figure 4-1　Fitzgerald et al.（1995）により示された、セクシュアル・ハラスメントの区分と EEOC の区分の関係

行っているが，ここでのジェンダー・ハラスメントは，「ジェンダーにより攻撃的なメッセージの標的とすること」と受け手にとって否定的な経験として定義されている。

2. ジェンダー・ハラスメントとセクシュアル・ハラスメントの関係

心理学研究におけるジェンダー・ハラスメントは，セクシュアル・ハラスメントの研究の中で，その一形態として扱われることが多い。これは，ジェンダーという概念が近年になって発展したことに起因しているだろう。ジェンダーの持つ意味は多義的であるが，心理学研究では主にセクシュアルという言葉が生理・生物学的意味として用いられるのに対して，ジェンダーは社会・文化的な意味として使用されることが多い。

Fitzgerald et al.（1995）は，セクシュアル・ハラスメントを3つのカテゴリー（gender harassment：ジェンダー・ハラスメント，unwanted sexual attention：望まない性的注目，sexual coercion：性的強要）に区分している。この区分は，心理学研究でのセクシュアル・ハラスメントの多くの研究に用いられる代表的なものである。このため，ジェンダー・ハラスメントは，心理学の研究上，セクシュアル・ハラスメントの一形態として扱われることが多い。Fitzgerald et al.（1995）で使用されているジェンダー・ハラスメントの測定尺度は，5つの内容から構成されている（Table 4-1）。

一方で，ジェンダー・ハラスメントという概念がセクシュアル・ハラスメントの研究の中で検討されはじめた頃から，ジェンダー・ハラスメントと他

Table 4-1　Fitzgerald et al.（1995）によるジェンダー・ハラスメント測定尺度の内容

1．told suggestive stories
2．made crude sexual remarks
3．made offensive remarks
4．displayed offensive materials
5．sexist comments

のセクシュアル・ハラスメント項目（望まない性的注目，性的強要）との関連については現在も議論が継続している。

　例えば，比較的初期の研究である Fitzgerald & Hesson-McInnis（1989）においても，セクシュアル・ハラスメントの概念を type と severity の 2 次元により説明しているが，ジェンダー・ハラスメントに関してはこの次元では説明できなかった。また，Pryor & Fitzgerald（2002）は，ジェンダー・ハラスメントは性的な目的に基づいた行動ではなく，むしろ性差別論者の行動や女性を攻撃したり貶めたりする行動により構成されていると述べている。

　ジェンダー・ハラスメントの問題は，また同じ心理学の研究領域において，職場いじめの一形態として gendered bullying という言葉で取り上げられ研究がなされてきた。その中で，Jones（2006）は，gendered bullying をセクシュアル・ハラスメントの概念のひとつとすることは，いじめに関する研究においてもセクシュアル・ハラスメント研究の有力な理論的枠組みにおいても，障害があると述べている。Lim & Cortina（2005）は，より広範な「職場いじめ」という観点から，セクシュアル・ハラスメントと職場の無作法（workplace incivility）[4] の関係について共分散構造分析を用いて検討した。その結果，ジェンダー・ハラスメントを他のセクシュアル・ハラスメント（sexualized harassment）から分離したモデルの方が，分離していないモデルよりも高い適合度が得られた（Figure 4-2）。この結果は，ジェンダー・ハラスメントが他のセクシュアル・ハラスメントと職場の無作法と相関があり，これらが職場の中で同時に発生していることを示している。さらに，心理学の研究領域において，別々に検討されてきた性的ないじめと一般的ないじめの研究の架け橋としてジェンダー・ハラスメントを位置づけることで，これらを広範な職場いじめの概念に統合し検討できることを示唆している。

　日本においては，宗方（2001）は，心理学的なセクシュアル・ハラスメン

---

[4] 職場の無作法（workplace incivility）とは，Andersson & Pearson（1999）により「相手を傷つける意図が曖昧な，強烈さの度合いの低い逸脱行動」と定義されている（9 章参照）。

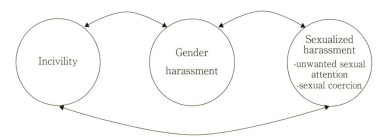

Figure 4-2　Lim & Cortina（2005）による3因子モデル

ト研究や職場の実情を考慮し，職場のハラスメントをセクシュアル・ハラスメントとジェンダー・ハラスメントに分けて考えることを提案している。これを受けて小林（2009）は，性的な欲求に関するセクシュアル・ハラスメントと固定的な性役割を女性に期待するジェンダー・ハラスメントは本質的に異なるとの観点から，両者の影響を比較した。その結果，ジェンダー・ハラスメントとセクシュアル・ハラスメントでは，競争的達成動機に及ぼす影響が異なった。ジェンダー・ハラスメントを受けていてもそれを認知しない回答者は，認知している回答者よりも競争的達成動機が高いことが示された。また，セクシュアル・ハラスメントの認知の有無と競争的達成動機は無相関であった。

　また，法的な領域においても両者を区別することが提案されている。例えば，法学者である奥山（1999）は，セクシュアル・ハラスメントとジェンダー・ハラスメントをどちらとも違法な性差別であるとした上で，前者を「性的関心・要求」に起因するハラスメント，後者を「固定的な性役割の強要」に起因するハラスメントとして区別するのが適切だろうと述べている。

　以上見てきたように，ジェンダー・ハラスメントは性役割を要求する言動であるが，性的なハラスメントと同一の概念の中に位置づけられてきた。しかし，両者が女性に及ぼす影響も異なっている可能性が指摘されている。ジェンダー・ハラスメントはセクシュアル・ハラスメントとは別概念として

扱われるべき可能性があるだろう。

第3節　ジェンダー・ハラスメントに関する先行研究

1. ジェンダー・ハラスメント被害者の影響

　前述したように、ジェンダー・ハラスメントに関連する研究自体が少ないため、ジェンダー・ハラスメントが被害者に及ぼす影響に焦点を絞り検討した研究は極めて少ない。Piotrkowski（1998）の研究は、ジェンダー・ハラスメントに関する実証的研究としては、おそらく先駆的といえるだろう。Piotrkowski（1998）は、ジェンダー・ハラスメントの頻度を測定するために、1項目のジェンダー・ハラスメント尺度を作成し、使用している（Table 4-2）。

　まず、Piotrkowski（1998）は、セクシュアル・ハラスメントに関する研究全体に関しては、次の点が欠落していると述べた。第1は、セクシュアル・ハラスメントが健康に及ぼす影響について、人種や民族的マイノリティを対象とした研究が不足していること。第2は、セクシュアル・ハラスメントが個人へ与える害に関する調査が、自己評価に依存しているということである。

Table 4-2　Piotrkowski（1998）によるジェンダー・ハラスメント測定項目[5]

"At work, have you experienced or heard offensive slurs or jokes or remarks about women?"

5　Piotrkowski（1998）のジェンダー・ハラスメント項目は1項目であるが、セクシュアル・ハラスメントを予測することが知られている変数（すなわち、①男女の構成比、②上司の性別、③女性に対する上司の敵意の知覚など）との関係性により妥当性を確認している。これらとジェンダー・ハラスメントの関係性を検討し、セクシュアル・ハラスメント研究において得られた結果と同様の結果が得られるかが確認された。その結果、①殆ど男性が占める職場で働いている女性は、男女同数の職場や女性の多い職場で働く女性よりもジェンダー・ハラスメントを受ける頻度が有意に高く、②男性上司と働いている女性は、女性の上司と働いている女性よりもジェンダー・ハラスメントを受ける頻度が有意に高い値を示した。

このため個人の持つ否定的な心的状態（negative affectivity）[6]が，セクシュアル・ハラスメントの害をより大きく評定させてしまうことが考えられる。つまり，否定的な心的状態が，ストレッサーとストレス反応の関係を過大評価させてしまうこともあるだろう。第3としては，セクシュアル・ハラスメントの多次元性を無視する傾向がある。セクシュアル・ハラスメントを対象とした調査は，unwanted sexual attention と sexual coercion を中心に据えていて，ジェンダー・ハラスメント の影響を調査したものは殆どない。セクシュアル・ハラスメントの影響の知見を，そのままジェンダー・ハラスメントに適用することには疑問がある。

　これらの点を踏まえ，Piotrkowski（1998）は，ジェンダー・ハラスメントをジェンダーに基づく職場のストレッサーと概念化し，次の仮説を検証した。①ジェンダー・ハラスメントの頻度は，女性の職務満足に負の影響を及ぼす。②ジェンダー・ハラスメントの頻度は，女性の精神的苦痛（distress）[7]に正の影響を及ぼす。③ジェンダー・ハラスメントの女性の職務満足，精神的苦痛に対する影響は，マイノリティの女性と白人女性との間で異なる。さらに，人種や民族的マイノリティのセクシュアル・ハラスメントに対する影響は，研究により見解が異なっているため，否定的な心的状態について統計的に統制したうえで，特にマイノリティ女性に及ぼされる影響について検討した。

　その結果，Piotrkowski（1998）は70%以上の就業女性がジェンダー・ハラスメントを受けていると報告した。また，白人女性と人種・民族的マイノリティ女性とのジェンダー・ハラスメントに対する頻度の評定に差は見られなかったが，どちらもジェンダー・ハラスメントを受けることで，精神的苦痛が高まり，職務満足が低下していた。Piotrkowski（1998）は，特筆すべき点として，ジェンダー・ハラスメントをたまにしか受けていない女性は，全

---

[6] その人の「否定的な様相」を中心とした性癖に影響するパーソナリティの気質的な心的状態の次元である。
[7] 感情的ストレス反応における相当な個人の内的，外的変化である。

く受けていない女性よりも有意に精神的苦痛が高まっていたことを挙げ，このことから，ジェンダー・ハラスメントは，それを受ける頻度がたとえ高くなくても精神的苦痛を高めるということがいえるだろうと述べている。このような結果から，ジェンダー・ハラスメントの影響は深刻で，さらなる検討を要する深刻な問題であると述べている。

Parker & Griffin（2002）は，Piotrkowski（1998）を受けて，ジェンダー・ハラスメントが就業女性にどのようにして精神的健康状態に影響を及ぼすかを検討した。Parker & Griffin（2002）は，ジェンダー・ハラスメントが①最も頻繁に起こるハラスメントであり，②人を傷つける可能性があり，③他のハラスメントよりも法律的にも政策的にも軽く扱われており，④必ずしも悪い行為として見做されていないといった理由から，伝統的な性別役割分担の組織の中で働く女性がジェンダー・ハラスメントを受けることにより及ぼされる心理的影響の過程を検証している。

Parker & Griffin（2002）では，Brown, Campbell, & Fife-Shaw（1995）のセクシュアル・ハラスメント尺度の中の5項目をジェンダー・ハラスメント尺度として使用している。これらの項目は，女性だけでなく男女両方に当てはまるように作成されており，性別に関する冗談や小話を聞いたり，いやなことを連想させるあだ名で呼ばれたり，同性の同僚の容姿や見た目のコメントを聞いたなどといった項目から構成されている（Table 4-3）。

Parker & Griffin（2002）は，伝統的に男性的役割が期待される職場として

Table 4-3 Parker & Griffin（2002）で使用されたBrown, Campbell, & Fife-Shaw（1995）のジェンダー・ハラスメント項目

1. heard suggestive stories or jokes about your gender.
2. been subjected to practical jokes.
3. been called names with negative connotations.
4. heard comments about the figure or appearance of other officers of your gender.
5. heard suggestive comments or jokes about of your own figure or appearance.

イギリスの警察組織をとりあげ，そこに勤務する男女の警察官を対象に調査を行った。この研究において，女性特有の職務行動として「同僚の2倍も一生懸命に働かなくてはならないと感じる」「自分の能力を証明しようと絶えず努力していると感じる」といった項目で構成されている過大な職務遂行要求（overperformance demands）尺度を開発した。過大な職務遂行要求とは，「職場で受け容れられ承認されるために，過大な職務遂行が必要だと感じる個人の知覚」（Parker & Griffin, 2002）である。女性がジェンダー・ハラスメントを受けることによって，この過大な職務要求が引き起こされ，結果的に精神的苦痛を高めることを確認している。この研究において Parker & Griffin（2002）は，伝統的男性支配の中で働く女性（たとえば女性警察官）がジェンダー・ハラスメントを受けることにより，組織に受け入れられようと過大な職務遂行要求を生起し，その結果として，精神的苦痛を高めることが示された。一方で，男性警察官は同じようにジェンダー・ハラスメントを受けても過大な職務遂行要求は生起せず，精神的苦痛を高めることが示された。さらに，Parker & Griffin（2002）は，女性がジェンダー・ハラスメントを経験しダメージを受けても，ジェンダー・ハラスメントを自分にとって害のあるものと認識していないことに言及している。

　小林（2006）は，日本の地方公務員の男性に対してジェンダー・ハラスメントの実行度を調査している。この調査では，68.3%の男性が何らかのジェンダー・ハラスメントを行っていること，性役割に関して平等的でない態度を持つ男性ほど，年齢が高い男性ほど，ジェンダー・ハラスメントを行いやすいことが示されている。

　Miller（1997）は，米国軍隊組織におけるジェンダー・ハラスメントに関するフィールド調査を行った。この研究では，ジェンダー・ハラスメントを性的でない古典的なジェンダーに基づくものとして，セクシュアル・ハラスメントから明確に区別して扱っている。調査の結果，公然としたセクシュアル・ハラスメントがなくなりつつなる中で，軍隊への女性の参加に抵抗を示

すといったような隠れた形のジェンダー・ハラスメントは，まだ存在していることが示された。

　Raver & Nishii（2010）は，職場のハラスメントが互いに伴って発生するにも拘わらず，これらが組み合わされたことによって，就業者にどのように影響を与えるかに関する研究は少ないことに着目した。そして，民族的ハラスメント[8]とジェンダー・ハラスメント，一般的職場いじめが就業者の心身の与える影響を調査した。その結果，Raver & Nishii（2010）は，民族的ハラスメント，ジェンダー・ハラスメント，一般的職場いじめのそれぞれが単独で組織コミットメントと職務満足に負の影響を，転職意思，抑うつ，身体的兆候に正の影響を及ぼしていることを確認した。さらに，これらのハラスメントが組み合わされた場合，影響はますます悪化するのか，それとも個々の影響は弱くなるのかについて検討した。その結果，ハラスメントの種類の数が増加することで，精神的・身体的悪影響は少しずつ増大するものの，ひとつひとつの影響力自体は相対的に弱まっていく傾向があることが確認された。

　Raver & Nishii（2010）は，ストレッサーが重なるに任せてストレインが増大していくのではなく，精神や身体に対するストレッサーの個々の影響力が相対的に小さくなっていく理由について，「就業者は，ハラスメントに自分自身が慣れていくことで対処し，次の仕事が見つかる当面の間をしのいでいるのかもしれない。」と言及している。

　日本においては，小林（2009）が認知的観点からジェンダー・ハラスメントの及ぼす影響について検討している。これにより，ジェンダー・ハラスメントを受けた女性で，それをハラスメントと捉えている女性は寧ろ少数派であること，ジェンダー・ハラスメントを相手の偏見に基づいた行為であると認知しない女性回答者は，認知している女性回答者よりも職場で競争的になることが見出されている。そしてさらに，ジェンダー・ハラスメントを認知

8　民族的マイノリティに対するハラスメントである。

しない回答者に悪影響がもたらされる可能性について言及している。しかし，ジェンダー・ハラスメントに焦点を絞った研究自体が珍しく，ジェンダー・ハラスメントを自分にとって害のあるものと認識していないことが，それを受けた女性の心身にどのような悪影響を及ぼすかについての研究は蓄積されていない。

2. ジェンダー・ハラスメントの発生要因

Hitlan, Pryor, Hesson-McInnis, & Olson（2009）は，米国における大学の男子学部生に対して2つの実験を行い，ジェンダー・ハラスメントに対する個人と状況要因の影響を調査した。その結果，個人の特性（性差別的態度）と状況要因（性的プライミング，男性的アイデンティティの脅威）が相互的効果を生み出し，ジェンダー・ハラスメントを予測していることが確認された。これらの結果は，ジェンダー・ハラスメントを理解するうえでは，個人と状況要因の両方が重要であることを示している。

3. ジェンダー・ハラスメントの認知の影響

セクシュアル・ハラスメント，ジェンダー・ハラスメントを受けた女性が，実際に不快に感じるかどうかについては個人差が確認されている（例えば，Gutek, 1983；Rotundo et al., 2001）。また，受け手本人が不快感を及ぼすとまではいかなくても，ハラスメントに該当する行為であるか否かの認知にも個人差が存在するだろう。それでは，セクシュアル・ハラスメントの悪影響は，受けた行為をセクシュアル・ハラスメントと命名することから生じるのだろうか，あるいは経験それ自体が悪影響を及ぼすのだろうか。

このような観点からセクシュアル・ハラスメントの影響をラベリング効果[9]の観点で検討したのが，Magley et al.（1999）である。Magley et

---

9 ラベリング効果とは，行為それ自体からではなく，行為を認識し命名することによってもたらされる影響のことである。

al.（1999）は，職場でセクシュアル・ハラスメントをどの程度受けたか，受けた行為をセクシュアル・ハラスメントとラベリングしたかどうかを測定し，これらが被害女性の心理的側面にどの程度影響を与えるか検討した。その結果，ラベリング効果は認められず，セクシュアル・ハラスメントの影響はそれをセクシュアル・ハラスメントと捉えているかではなく，受けた事実がもたらしていることが示された。なお，この結果は Munson, Miner, & Hulin（2001）の追試により確認されている。

また，ジェンダー・ハラスメントは，「グレー・ゾーン」と呼ばれるように，行為者にはハラスメントであるという自覚が全くなかったり，受け手の不快感も様々であったりする（宗方，2001）。おそらくジェンダー・ハラスメントの認知は，セクシュアル・ハラスメント以上に，受け手の感受性やその場の状況に依存するだろう。

小林（2009）によれば，ジェンダー・ハラスメントを受けた女性で，それをハラスメントと捉えている女性はむしろ少数派であった。しかし，そうであるにも拘わらず，ジェンダー・ハラスメントは受け手の女性にネガティブな影響を及ぼしている（Parker & Griffin, 2002）。このため，ジェンダー・ハラスメントは再定義される必要があるだろう。

第5章　心理学研究における
　　　　ジェンダー・ハラスメント研究の課題

第1節　はじめに

　米国では，今日，多くの企業においてセクシュアル・ハラスメントに関するガイドラインが作成され（Gutek & Koss, 1993），明確なセクシュアル・ハラスメントは減りつつある。一方で，表立っては分かりにくい，曖昧な形態のジェンダー・ハラスメントは依然多く発生していることが確認されている（例えば，Piotrkowski, 1998；佐野・宗方，1999）。

　ジェンダー・ハラスメントの発生を抑止する対策を講じるためには，ジェンダー・ハラスメントをセクシュアル・ハラスメントと区別し，別概念として扱い検討される必要があり，そのためには，現在多く使用されている5項目（Fitzgerald et al., 1995）では，信頼性，妥当性のある尺度としては必ずしも項目数が十分とはいえない。また，ジェンダー・ハラスメントの内容に関しては，文化的な背景に依存するものと考えられる。このため，日本の組織におけるジェンダー・ハラスメントの態様を明らかにし，十分にその実態を調査したうえで，日本の組織におけるジェンダー・ハラスメントの尺度を作成し，その発生のメカニズムや影響の過程を明らかにする必要があるだろう。

第2節 ジェンダー・ハラスメントの測定上の留意点

1. ジェンダー・ハラスメントの行為者

セクシュアル・ハラスメント研究は、主に異性間の行為が研究の対象とされてきた（例えば、Hartwick, Desmarais, & Hennig, 2007；角山ほか，2003）。しかし、ジェンダー・ハラスメントは、「男のくせにこんなこともできないのか」とか、「女は男を立てるべきだ」といったジェンダーに基づく言動であるため、異性からだけではなく同性からの行為も想定されるべきだろう。したがって、女性の受けるジェンダー・ハラスメントを調査するのであれば、男性と女性による、女性に対する行為が測定されなければならない。

2. ジェンダー・ハラスメントと不快感

ハラスメント（harassment）の本来の意味が「悩ます（される）こと」「嫌がらせ」であることを考えれば、ジェンダー・ハラスメントはジェンダーにまつわる嫌がらせであり、受け手の不快感が前提といえる。しかし、すべての女性がセクシュアル・ハラスメントに対して不快感を持つかというと、必ずしもそうではない。セクシュアル・ハラスメントを受けた女性が、その行為を実際に不快なものと捉えるかどうかについては、個人差が示されている（例えば、Gutek, 1983；Rotundo et al., 2001）。しかし一方で、セクシュアル・ハラスメントの被害者に及ぼす影響は、それをハラスメントと捉えるからではなく受けた頻度であった（Magley et al., 1999；Munson et al., 2001）。これらの結果を総合すると、セクシュアル・ハラスメントは受け手に不快感を及ぼすおそれがあるが、不快感には個人差がある。しかし、不快感の有無に拘わらず悪影響が及ぼされるということになる。

おそらくジェンダー・ハラスメントの認知は、性的な関係を目的とするセクシュアル・ハラスメント以上に、受け手の感受性やその場の状況に依存す

るだろう。ジェンダー・ハラスメントは,「グレー・ゾーン」と呼ばれるように, 行為者にハラスメントであるという自覚が全くなかったり, 受け手の不快感も様々であったりする (宗方, 2001)。しかし, そうであるにも拘わらず, 被害女性への影響が確認されている (Parker & Griffin, 2002)。ジェンダー・ハラスメントは, 女性の職務遂行能力を低く評価することであるが, その行為は普段一緒に仕事をしている上司や同僚からなされるため, 被害女性はそれを否定的な行為として解釈しづらい。なぜなら, このような行為をハラスメントと理解しないならば, その女性は女性一般への低い評価を自己に対する評価として受け入れることになり, 反対に, ハラスメントと理解するならば, 上司や同僚はハラスメント加害者になってしまう。したがって, 被害女性は自己の高い評価と上司や同僚への信頼との間で葛藤を抱えることになるだろう。このように被害女性が不快と感じなくてもネガティブな影響を受ける可能性があるならば, ジェンダー・ハラスメントを測定するための操作的定義には注意が必要であろう。

3. 社会文化的背景の中のジェンダー・ハラスメント

ジェンダー・ハラスメントの頻度の測定尺度の項目や定義に,「侮蔑的である」とか,「性差別的な行い」という表現が使用されている場合がある (例えば, Piotrkowski, 1998)。これは, ある行為が侮蔑的であるか, 性差別的な行いであるかの判断が行為を受けた女性に委ねられているということである。しかし, Ruggiero & Taylor (1995) の指摘のように, 女性たちは将来の自己統制感を維持するために, 性差別を否定するように動機づけられている可能性がある。そうであるならば,「侮蔑的」「差別的」といった表現を用いてジェンダー・ハラスメントの経験の評定を試みた場合, 現実に発生しているハラスメントの頻度を捉え損ねかねない。したがって, ジェンダー・ハラスメントの測定には, できるだけ中立的・客観的な記述で経験が問われなければならない。中立的・客観的な記述で経験を問うということは, なるべく具

体的な行為で記述された経験を問うことである。しかし，ジェンダー・ハラスメントに該当する行為は，異なる社会文化的背景のもとでは，異なる態様となって現れていると考えられることから，日本の職場で発生しているジェンダー・ハラスメントの測定を試みるのなら，日本の職場におけるジェンダー・ハラスメントの態様が十分に調査され，明らかにされた上で，なるべく具体的な行為のリストで作成された尺度が必要となるだろう。

4. ジェンダー・ハラスメントに類似する概念

本書で検討を試みるジェンダー・ハラスメントの内容は，ストレス研究の文脈の中においても検討可能だろう。そこでジェンダー・ハラスメントの内容に類似する問題が日本においてストレス研究の領域でどのように扱われてきたか調べるために，国立情報学研究所が運営する学術文献のデータベースCiNiiにより，「女性」「ストレス」という検索語を用いて心理学に関する研究論文を2010年9月27日付けで検索した。その結果，検出されたのは18件で，さらにそのうち日本の就業女性の職務に関するストレスを扱った研究はわずか6件であった。この結果から，就業女性の受けるストレスに焦点をあわせた研究は多くないということが推測された。

検出された論文は，1991年から1996年に集中していた。これらは1986年の男女雇用機会均等法の施行を受けて，日本の就業女性の働き方の変化に注目が集まった時期に一致している。これらの研究では，いずれも均等法により制度が整っていても，就業女性を取り巻く環境は依然として厳しいことが示されている。たとえば，金井（1991）は，キャリアで成功した女性へのインタビューをとおして，女性には仕事を続けていく上で女性特有の「女性差別」と「家庭との両立」が，他のストレッサーと同じように無視できない重大な問題であることを見出した。この「女性差別」は，「女性だからということで評価が低い」「昇進できない」「女性だからということで実質に見合った職位がない」といったように，男性と比較した上で差別的な待遇を感

じていることを示していた。

　また，最近の研究においても，「仕事での生きがいが見出せない」ということが就業女性のストレスとなっていることが，神田（2005）により指摘されている。

　日本の就業女性のストレスに関するこれらの研究から，就業女性には性差別に起因した女性特有ストレッサーがあること，そしてこれに関する研究が依然として少ないことがいえるだろう。

第3節　本書の目的

　以上を踏まえ，本書では，日本の職場で発生している女性に対する男女両方からのジェンダー・ハラスメントについて，以下の点を中心に検討する。

1．ジェンダー・ハラスメント測定尺度の作成

　日本の職場で発生している就業女性に対するジェンダー・ハラスメントを測定する尺度を作成することを目的とする。さらに，ジェンダー・ハラスメントはセクシュアル・ハラスメントから独立した別概念として捉えられるべきか否かについて，男性就業者による行為の頻度により検討する。

2．ジェンダー・ハラスメントの影響についての検討

　ジェンダー・ハラスメントは，セクシュアル・ハラスメントの一形態として位置づけられているため，ジェンダー・ハラスメント単独の影響について，検討されることが少なかった。そこで本書においては，ジェンダー・ハラスメントが就業女性にどのような影響を及ぼすかについて検討する。

3．研修効果の検討

　ジェンダー・ハラスメントが就業女性になんらかの悪影響をもたらすもの

であるとしたら，それは防止されるべき行為であると考えられるだろう。それではジェンダー・ハラスメント行為が防止されるべきものとして理解されるためにはどのような方策が有効であろうか。そこで，本書では，さらにジェンダー・ハラスメント防止に対する理解の促進について実験的検討を行う。

第Ⅱ部
ジェンダー・ハラスメント測定尺度の作成

第6章 半構造化面接法による
　　　ジェンダー・ハラスメント項目収集

第1節　目　的

1. ジェンダー・ハラスメントの定義

　これまでのジェンダー・ハラスメント研究は，職場のいじめやセクシュアル・ハラスメントの一形態として論じられてきたが，本章では，まず，ジェンダー・ハラスメントをハラスメントやいじめ，侵害といった観点ではなく，「ジェンダー」という言葉で括り再整理する。なお，「ジェンダー」[10]は，青野（1999）に倣い，生物学的な性に対する概念として「社会的性」と位置づける。

　次頁 Figure 6-1 に示されるように，測定される認知レベルでのジェンダーに関連する尺度としては，ジェンダー・スキーマ，ジェンダー・ステレオタイプ，性差観といったものが挙げられるだろう。

　土肥（1999）によれば，スキーマとは特定の文化に関する知識，あるいは理解のための枠組みであり，したがって，ジェンダー・スキーマとは，個人を理解しようとするときに，男女を区別して捉えようとする思考の枠組みと考えられる。また，土肥（1999）によれば，一般的にステレオタイプとは，紋切型，固定観念といったものである。このため，ジェンダー・ステレオタイプとは，男は○○，女は○○といったような，思い込みのことを意味する。性差観は，伊藤（1997）により，「人が自己を取り巻く環境を認知するときの性に関する認知的な枠組み」と定義されている。

10　スコット（2004）では，「肉体的差異に意味を付与する知」と定義されている。

次に，ジェンダーは，性役割態度や第2章で述べた性差別といった態度のレベルで捉えることができる。性役割は，男女それぞれにふさわしいとみなされる行動やパーソナリティに関する社会的期待・規範およびそれらに基づく行動を意味する（鈴木, 1994）。また，性役割態度は，性役割に対して，一貫して好意的もしくは非好意的に反応する学習した傾向である（鈴木, 1994）。性差別とは，女性と男性の間の不平等な地位を支える態度や信念や行動である（宇井, 2008）。

このような観点に基づいて，ジェンダー・ハラスメントは行動のレベルとして捉えることができる。認知が態度を規定し，態度が行動を規定するとすれば，ジェンダー・ハラスメントは性差観や性役割態度が規定因となって発生していると考えられるだろう。

このように，ジェンダー・ハラスメントをジェンダーの視点から捉えなおすと，ジェンダー・ハラスメントはジェンダーに関する認知や態度が行為として外部に現れたもの，つまり，ジェンダー（社会的性）に基づく役割を期待する行為と理解することができる。これにしたがって，本書で検討する

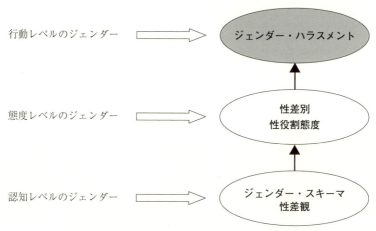

Figure 6-1　ジェンダー・ハラスメントの規定因

ジェンダー・ハラスメントについては,「ジェンダーに基づく役割を他者に期待する行為」と操作的に定義する。

2.「行為」とは

ジェンダー・ハラスメントが就業女性に対するなんらかの「行為」により規定されるとしたら,「行為」とはいかなるものを指し示すだろうか。

通常, 相手に対してとられる悪い行いは動きを伴った言動を指す場合が多い。職場の中の行いを例にとると,「職場の飲み会などで女性に酌を強要する」「女性の身体にわざと触る」といった動作を伴う行為である。一方で,「研修を受けさせない」「重要とされる仕事ははじめから期待しない」「声を掛けない」といったような動きを伴わない行為も, 地位や勤続年数が同等の男性に対する行為との比較において, むしろ女性には行わなかったことに対して責任が問われなければならない。刑法は, これら2つの種類の行為を区別し, 積極的な動作がある犯罪を「作為 (commission)」, 積極的な動作がない犯罪を「不作為 (omission)」とそれぞれ定義している (例えば, 藤木, 1986；林, 2008；林, 2009)。

これまでのセクシュアル・ハラスメント研究において, セクシュアル・ハラスメントを測定する尺度項目は, 女性に対する動作を伴う行為 (作為) が問題の中心であった。しかし,「しなかった (女性の側からは「されなかった」)」という不作為は直接的な言動を伴わなくても, 男性が仕事上の援助や評価といった行為を受けるとき, それを受けていない女性に対して反射的不利益をもたらすはずである。そしてこのような行為は, 就業女性の職場での不遇を説明するなかで, 積極的に検討されるべきだろう。

そこで, 本書では, 現実に働く女性が直面し続けるジェンダー・ハラスメントの全容を明らかにするには, このような女性に対する不作為も含める必要があると考え, 女性に対して何かを行ったり, 女性に対し何かを求めたりする作為に, 男性には期待するが, 女性には期待しない (あるいは, 行わない

ことを期待する）といったような女性に対する不作為を併せて検討する。

第2節　方　法

1. 調査期日
2007年7月中旬から下旬にかけて行われた。

2. 調査協力者
　面接協力者は，証券会社社員（女性：55歳），地方公務員（女性：課長，49歳），コンサルティング会社社長（男性：39歳），地方公務員（男性：主査，44歳）の4名であった。

3. 調査方法
　著者が面接協力者に対し，1名あたり50分から90分の半構造化面接[11]を実施した。協力者には，事前に調査の趣旨およびプライバシー保護等について説明し，面接協力の同意を得た。

(1) 調査内容
　まず，「あなたの職場での出来事についてお話してください」と依頼した後，女性に対しては，「あなたは今まで同僚の男性と違った扱いを，上司や同僚の男性や女性からされたことがありますか？」「あなたは今まで同僚の男性と異なった扱いを，同僚の女性に対して行ったことがありますか？」と尋ね，さらに，「それらの経験があった場合，それは具体的にどんなことですか？」と尋ねた。男性に対しては，「あなたは今まで職場の女性に対して，男性とは異なった扱いをしたことがありますか？」と尋ね，さらに，「それらの経験があった場合，それは具体的にどんなことですか？」と尋ねた。

---

[11] 半構造化面接法とは，面接調査の中で予め質問項目が準備されているが，話の流れに応じて柔軟に質問の流れを変えたり加えたりする調査的面接方法の一つである。

(2) 分析手続き

協力者の回答は要点筆記後，文字データ化され，個人が特定される情報を含んだ内容が除去された。

第3節 結　果

収集された回答は，①類似した内容はより適切な表現の方を採用する，②女性に対するジェンダー・ハラスメントの定義に照らし，適当な内容であるという2点を考慮し，佐野・宗方（1999）において使用されたジェンダー・ハラスメントの項目を参考に，項目候補として整理された。さらに，現実に発生しているジェンダー・ハラスメントの頻度を正確に測定するために，「侮蔑的」「差別的」といった表現を避け，できるだけ価値中立的で具体的な言動となるよう留意された。項目候補は，女性に作為[12]（ある行為を積極的に行うこと）を期待する行為と不作為（ある行為を積極的に行わないこと）を期待する行為に大別された（次頁 Table 6-1）。

第4節 考　察

ジェンダー・ハラスメントに該当する行為は文化依存的であるため，日本におけるジェンダー・ハラスメントを測定するためには，日本において作成された項目を使用したほうがよいだろう。また，従来のジェンダー・ハラスメント項目では，項目数が必ずしも十分ではないことが指摘されている。このため，本研究においては佐野・宗方（1999）で使用されたジェンダー・ハラスメント項目を参考に，半構造化面接により項目が収集された。

調査協力者からの回答は，1つは上司や同僚からの直接的な行為，あるい

---

[12] 作為及び不作為は，一般的には刑法上使用される法律用語である。

Table 6-1 統合・整理された回答の内容

	具体的内容
不作為	外部との交渉などの難しい仕事は男性が割り当てられる。 女性は育児する人，仕事人としては2級，3級とみなされている。 女性は男性と対等な存在ではなく，一段低く見られる。 女性の管理職はダメだと言って初めから期待されない。 女性はリーダーに向かないと言って初めから期待されない。 同じ年数・職位の男女がいたら，男性の方が重く扱われる。 男性に比べて女性の研修機会が少なく感じられる。 会議の途中で議論が続いているのに，出席している女性に対してはお茶を入れてくるよう指示される。 女性は，男性と対等ではなく半人前の扱いを受ける。 女性は，いざというときに当てにならない人という見方をされ，お荷物的存在とされている。
作為	来客へのお茶入れは女性の仕事となっている。 女性は上司や同僚から何かと声を掛けられ，かまわれる。 お弁当の手配の役割を女性に固定しがちになる。 外から帰ってきた男性に女性がお茶を入れることを期待される。 外から帰ってきたのが女性である場合は，お茶は誰からも入れてもらえない。 昇進した女性がお茶を入れないと，他の女性が陰口を叩く。 女性は口のきき方に文句を言われる。 職場の女性は，普通の若い女の子としか見られない。 お茶入れに加わらない女性は，お茶入れをする女性からいじわるをされる。 女性は早く出勤してお湯を沸かし，お茶を入れなければならない。 相手が女性だと親しみやすく感じるらしく気軽に声を掛けられる。 特定の女性の仕事を，女性の特性として誉められる。 仕事のうえでも，女性であることをことさら強調されて誉められる。 女性だと管理職であってもお茶をいれているが，男性管理職ではあり得ない。 女性はちゃん付けで呼ばれることがあるが，男性はない。 庶務的な仕事，会計伝票といったお金を扱う仕事が女性に割り振られる。 窓口事務に女性は多く配置される。

は，同僚の女性がその行為を受けているのを見たといったような，間接的な内容であった。また一方で，直接的・間接的ではない，「されない」といった経験が語られた。それは，その女性自身と同じくらいの年数の同僚の男性との比較の中で，上司や同僚たちが，男性には当然のように行うことを期待して何らかの働きかけを行うが，女性には逆に「行わない」ことを期待して男性へ行う働きかけを行わないといった経験として語られた。そしてこれらの内容には，女性は「仕事の中核から外されている」「頭数に入っていない」といった意味が含まれていた。

　これらを分類し，整理した結果，ジェンダー・ハラスメントは，性質の異なる2つの次元に区分された。1つは動作を伴う言動であり，女性に女性的な役割を行うことを期待する行為として，もうひとつは主として動作を必ずしも伴わない，女性に男性的な役割を担うことを期待しない行為であった。

　これらはそれぞれジェンダー・ハラスメント作為，ジェンダー・ハラスメント不作為と命名され，区分された。これらの結果は，日本の職場では性別による役割の固定化が依然存在していること，また，男性には期待しない役割の遂行を女性に期待する一方で，男性に期待する役割の遂行を女性には期待していない場合があることを示した。また，この結果は，日本の就業者の状況について述べていた小笠原（1998）や熊沢（2000）の指摘を追認していた。

　特筆すべき点としては，日本の就業者が性により区分されていることに対して，調査協力者は両極の態度を示したことが挙げられるだろう。半構造化面接協力者の男女から，「職場で男女を分けて仕事を与えるのは当たり前なのでは」「若い女性が上司から何かと気にされ，構われているのはほほえましいことだ」といったような肯定的な回答が続く場合があった。その一方で，「その人その人の能力や意思を確かめることなく，男女を一律に分けて処遇するのは性差別に他ならない」「これはアメリカだったら立派な雇用上の性差別じゃない？」「経験的にリーダーに向いている男性が多かったということと将来に向かってそのとおりに男女で仕事とを振り分けるということを一

緒にしてはいけない。リーダーに向いている女性を職場が排除することになるから」といったように，否定的な回答が続く場合も多くあった。このように，性別ではじめから仕事を振り分けることに対する個人の態度は，両極に分離されていた。

第7章 ジェンダー・ハラスメント測定尺度の因子構造の確認と妥当性の検証

第1節 目 的

　本章では，第6章の予備調査の結果に基づき作成されたジェンダー・ハラスメント項目候補の因子構造の確認および信頼性，併存的妥当性[13]の検証を行う。田中（1997）やPryor（1987）の研究結果で示されているように，セクシュアル・ハラスメントは，性役割態度や女性に対するステレオタイプとの関連が確認されている。同様にジェンダー・ハラスメントは，性役割に平等的でない態度や，さまざまなことがらを性別に関連付けて認知する傾向の強さや女性に対する性差別的な信念や態度が言動となって現れたものと捉えられる。このため，併存的妥当性の検証には，平等主義的性役割態度，性差観，セクシズムを用いて，これらとジェンダー・ハラスメント測定尺度との相関の程度を確認する。作成されたジェンダー・ハラスメント測定尺度が，「職場の中で，ジェンダーに基づく役割を他者に期待する行為」を行う頻度を測定するならば，性役割に平等的でない者ほど，性差観が強い者ほど，性差別的な者ほど，この得点が高くなるはずである。また，ジェンダー・ハラスメントは男性が優位な組織で多く発生することが確認されている（Parker & Griffin, 2002）。女性管理職の割合に着目すれば，女性管理職の割合の高い組織では「女性に指導的役割を期待しない」といったジェンダー・ハラスメ

---

[13] 村上（2006）によると，基準関連妥当性は，尺度得点が個人の将来をどの程度予測するかという予測的妥当性（predictive validity）と，尺度得点が他の類似の尺度得点とどのような関係を持つかという併存的妥当性（concurrent validity）に区分される。

ントにあたる言動は，それが低い職場よりも少なくなると考えられる。そこで，女性管理職の割合が分かっている2つの組織，すなわちA組織（女性管理職がいない）とB組織（女性管理職割合15%以上）について，仮説：「女性管理職がいない組織と女性管理職15%以上の職場を比較した場合，前者のジェンダー・ハラスメント発生頻度は高い」を検証する。

第2節　方　法

1．実施時期
調査は2008年2月から5月にかけて実施された。

2．調査方法
地域や規模や業種ができる限り異なる組織から回答を得るために，著者らによる個別配布・個別回収，委託調査，集合調査を併用した質問紙調査が実施された。

委託調査を実施した民間企業A社と公組織Bには，事前に担当者に承諾をもらい，調査票を一括送付し，従業員に回答してもらい，回収後まとめて返送してもらった。集合調査では，社会人を対象とした大学の講習会終了後に参加者に調査協力を依頼した。また，複数の民間事業所で組織される団体の担当者に事前に承諾をもらい，担当者に調査票を一括送付して各事業所の従業員に配布し，回収・返送してもらった。さらに，著者らが直接調査票の配布・回収を行った。

3．調査協力者
委託調査方式を採用した民間企業A社には，41名（男性32名，女性9名）分の調査票の配布・回収を依頼し，41名が回収された。未回答の調査票はなく，有効回収率は100％となった。公組織Bには，357名（男性262名，女

性95名）分の調査票の配布・回収を依頼し，116件が回収された。このうち未記入の回答が1件あったため，有効回収数は115件（男性84件，女性31），回収率32.2%となった。集合調査では，21名（男性11名，女性10名）が応じた。また，複数の民間事業所で構成される団体に対する委託調査では，170名（男性91名，女性79名）の回答を得た。さらに，著者らによる調査票の配布・回収では，7名（男性4名，女性3名）の回答を得た。

以上の結果，調査対象は，民間企業，公組織に所属する男女354名となった。調査対象者の属性は次のとおりである：男性222名（62.7%），女性132名（37.3%），年代別では，20代27名（7.6%），30代111名（31.4%），40代121名（34.2%），50代76名（21.5%），60代9名（2.5%），不明10名（2.8%）であった。業種別で最も多かったのが，官公庁136名（38.4%），次いで，卸・小売業104名（29.4%），サービス業60名（16.5%）であった。

4. 調査項目

本章では，予備調査により収集されたジェンダー・ハラスメント項目（作為：7項目，不作為：6項目），および平等主義的性役割態度短縮版（鈴木，1994），性差観（伊藤，1997），セクシズム（Swim et al., 1995）が用いられた。

(1) ジェンダー・ハラスメント測定尺度

予備調査により収集されたジェンダー・ハラスメント項目13項目を使用した。ジェンダー・ハラスメントとは，「職場の中で，ジェンダーに基づく役割を他者に期待する行為」である。半構造化面接により得られたジェンダー・ハラスメント項目は，2つの項目群に分かれている。1つが，「女性にお茶くみや雑用をする役割を期待する」「女性の仕事を評価するとき，女性の特性を強調する」などの7項目から構成されるジェンダー・ハラスメント作為であり，もうひとつが「重要な仕事や交渉事は女性には無理なので，女性には期待しない」「女性はリーダーに向かないため，指導的役割を期待しない」などの6項目から構成されるジェンダー・ハラスメント不作為である。

Table 7-1　ジェンダー・ハラスメント項目候補および教示文

教示文：あなたの職場での出来事を振り返ってみてください。過去10年間に職場の女性に対して，次のような行為をどのくらい行いましたか？　1から5の番号のうち，一番近い番号に○をつけてください。
1：まったく行わなかった　2：ほとんど行わなかった　3：たまに行った　4：しばしば行った　5：頻繁に行った

1　女性にお茶くみや雑用をする役割を期待する。
2　女性の仕事を評価するとき，女性の特性を強調する。
3　女性に対し，職場の花としての役割を期待する。
4　男性と比べ，庶務的な細かい仕事を女性に割り当てる。
5　女性がいると職場が和むと言う。
6　婚姻や出産や年齢により，「女の子」，「おくさん」，「おばさん」，「おかあさん」などと女性の呼び方を変える。
7　女性に対して何かと声を掛け，構う。
8　重要な仕事や交渉事は女性には無理なので，女性には期待しない。
9　女性はリーダーに向かないため，指導的役割を期待しない。
10　女性が研修や仕事の機会が限られるのは，当然だと言う。
11　同じくらいの年数・地位の男女がいたら，女性をより低く扱う。
12　反論や批判をする女性を，女性だから感情的なのだと捉える。
13　女性は，いざというときに当てにならないお荷物的存在と見られても，それは当然だと言う。

これらの項目は，5件法（1：「全く行わなかった」～5：「頻繁に行った」）により評定された。Table 7-1に各項目を示す。

(2) 平等主義的性役割態度短縮版

　平等主義的性役割態度とは，「男女の性役割態度における平等志向性，あるいは伝統志向性のレベル」である（鈴木，1994）。本調査では，「女性の人生において，妻であり母であることも大事だが，仕事をすることもそれと同じくらい重要である」「主婦が仕事を持つと，家族の負担が重くなるのでよくない（逆転項目）」「娘は将来主婦に，息子は職業人になることを想定して育てるべきである（逆転項目）」などの項目からなる平等主義的性役割態度短縮版15項目（鈴木，1994）が使用された。これらの項目は，5件法（1：「全く

そう思わない」~5:「全くそう思う」)により評定された。これらの項目についての評定点が高いほど，回答者が性役割に対して平等主義的となるように，逆転項目の数値は逆転して得点化された。

(3) **性差観**

性差観とは，人が自己を取り巻く環境を認知するときの性に関する認知的な枠組みである（伊藤, 1997）。伊藤（1997）の性差観スケールは，「最終的に頼りになるのは，やはり男性である」などの30項目で構成されている。このうち職場と関連性のある14項目が使用された。これらの項目は，5件法（1:「全くそう思わない」~5:「全くそう思う」)により評定された。これらの項目についての評定点が高いほど，性差観が強いとみなされる。

(4) **セクシズム（性差別）**

セクシズム（Swim et al., 1995）は，女性に対する性差別を測定する尺度である。この尺度は，古典的性差別と現代的性差別の下位尺度に分かれており，前者が従来の「あからさまな」性差別（例えば，「一般的に，女性は男性ほど賢くない」)を測定するのに対し，後者は，「目に見えない」新しい形態の性差別（例えば，「女性に対する差別は日本においては，もう問題ではない」)を測定する。これらは，著者によって邦訳され，英語に堪能な日本人によって英文の原版とのチェックがなされた。これらの項目は，5件法（1:「全くそう思わない」~5:「全くそう思う」)により評定された。これらの項目についての評定点が高いほど，性差別的であるとみなされる。

第3節　結　果

1. ジェンダー・ハラスメント測定尺度の因子分析

ジェンダー・ハラスメント測定尺度に関しては，ジェンダー・ハラスメントの男性行為者と女性行為者で因子構造が異なる可能性がある。このため，男女別々に主因子法による因子分析を行い，固有値≧1.0の基準を設け，バ

リマックス回転を行った。結果は Table 7-2 に示されるように，男女とも 2 因子となり，ほぼ同じ構造が得られた。また，これらは半構造化面接により

Table 7-2 ジェンダー・ハラスメント項目候補の男女別因子分析の結果

項目	男性行為者 GH不作為	男性行為者 GH作為	男性行為者 共通性	女性行為者 GH不作為	女性行為者 GH作為	女性行為者 共通性
9. 女性はリーダーに向かないため，指導的役割を期待しない	**.827**	.137	.703	**.848**	.235	.774
11. 同じくらいの年数・地位の男女がいたら，女性をより低く扱う	**.742**	.177	.582	**.816**	.271	.740
12. 反論や批判をする女性を，女性だから感情的なのだと捉える	**.714**	.235	.565	**.749**	.402	.722
8. 重要な仕事や交渉事は女性には無理なので，女性には期待しない	**.712**	.244	.566	**.790**	.294	.711
13. 女性は，いざというときに当てにならないお荷物的存在と見られても，それは当然だと言う	**.644**	.237	.472	**.764**	.272	.658
10. 女性が研修や仕事の機会が限られるのは当然だと言う	**.563**	.221	.366	**.624**	.078	.399
3. 女性に対し，職場の花としての役割を期待する	.149	**.804**	.669	.149	**.873**	.784
5. 女性がいると職場が和むと言う	.077	**.759**	.582	.222	**.782**	.660
4. 男性と比べ，庶務的な細かい仕事を女性に割り当てる	.330	**.669**	.557	.278	**.785**	.693
7. 女性に対して，何かと声を掛けて構う	.168	**.556**	.337	**.326**	.302	.197
1. 女性にお茶くみや雑用をする役割を期待する	.202	**.552**	.346	.269	**.726**	.600
2. 女性の仕事を評価するとき，女性の特性を強調する	.435	**.535**	.475	.240	**.768**	.647
6. 婚姻や出産や年齢により，「女の子」，「おくさん」，「おばさん」，「おかあさん」などと女性の呼び方を変える	.213	**.367**	.180	.312	**.379**	.241
因子寄与率（％）	26.34	22.89	49.23	30.99	29.21	60.20

注）GH：ジェンダー・ハラスメント

得られた2つの態様のジェンダー・ハラスメント（作為・不作為）に一致していた。ジェンダー・ハラスメント測定尺度の信頼性を確認するために因子負荷量の高い項目をまとめた2つの下位尺度についてα係数を求めたところ，ジェンダー・ハラスメント作為で.831，不作為で.892と十分な値を示し，内的一貫性が確認された。

2. ジェンダー・ハラスメント測定尺度

因子分析により得られたジェンダー・ハラスメントの2つの下位尺度の得点分布は，ジェンダー・ハラスメント作為では7～35点，不作為では6～30点であった。男女別に平均得点をみてみると，ジェンダー・ハラスメント作為の男性就業者の平均値は16.57点，女性就業者では17.38点となり（$t=1.26$, $n.s.$），また，ジェンダー・ハラスメント不作為の男性就業者の平均値は10.54点，女性就業者では，11.63点であった（$t=1.93$, $n.s.$）。いずれの得点においても，ジェンダー・ハラスメントを行う頻度に統計的には性差は認められなかった。

3. 妥当性の検証

田中（1997）やPryor（1987）の研究結果に示されるように，セクシュアル・ハラスメントは，性役割態度や女性へのステレオタイプとの関連が確認されている。作成されたジェンダー・ハラスメント測定尺度が，「ジェンダーに基づく役割を他者に期待する行為」を測定していることを確認するために，平等主義的性役割態度短縮版，性差観，およびセクシズム（古典的性差別・現代的性差別）との相関係数を算出し，併存的妥当性の検証を試みた。この結果，Table 7-3に示すとおり，ジェンダー・ハラスメント作為では，現代的性差別以外の尺度で弱～中程度の相関が認められた。ジェンダー・ハラスメント不作為では，現代的性差別以外の尺度で，中程度の相関が確認された。

Table 7-3 各変数の相関係数

	1	2	3	4	5
1．GH 作為					
2．GH 不作為	.539**				
3．平等主義的性役割態度	-.366**	-.405**			
4．性差観	.408**	.499**	-.585**		
5．古典的性差別	.232**	.425**	-.447**	.580**	
6．現代的性差別	.068	.128*	-.350**	.236**	.214**

注）GH：ジェンダー・ハラスメント　**：$p<.01$　*：$p<.05$

しかし，ここで示される尺度間の相関の程度は，作成された尺度と既存の尺度との「近さ・遠さ」を示しているに過ぎない。そこでさらに妥当性を確認するために，作成された尺度が測定したい内容と矛盾がないかについて，次の仮説を検証する。

　仮説：女性管理職がいない組織と女性管理職15％以上の組織を比較した場合，前者のジェンダー・ハラスメント発生頻度は高い。

　この仮説を検証するために，女性の管理職比率の異なる2つの組織におけるジェンダー・ハラスメントの発生頻度を比較した。Piotrkowski（1998）は，ジェンダー・ハラスメント項目の妥当性を確認するために，男性の上司と働いている女性と，女性の上司と働いている女性とを比較し，男性の上司と働いている女性の方が，ジェンダー・ハラスメントを受ける頻度が有意に高いことを示した。また，組織レベルでは，ジェンダー・ハラスメントは，男性優位の組織で多く発生することが確認されている（Parker & Griffin, 2002；佐野・宗方, 1999）。このため，女性管理職の割合の高い組織は，そうでない組織よりもジェンダー・ハラスメントの発生頻度が低くなるはずである。

　ジェンダー・ハラスメント作為，不作為について別々に t 検定を行った結果，ジェンダー・ハラスメント作為，ジェンダー・ハラスメント不作為ともに有意な差が確認され（作為：$t=5.12$, $p<.001$, 不作為：$t=4.94$, $p<.001$），仮説

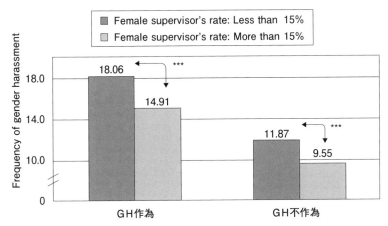

注）GH：ジェンダー・ハラスメント，***：$p<.001$

Figure 7-1　ジェンダー・ハラスメントの組織別発生頻度の比較

Table 7-4　ジェンダー・ハラスメントの組織別発生頻度の比較

GH	A 組織			B 組織			t 値
	M	SD	N	M	SD	N	
作為	18.06	5.68	198	14.91	4.97	127	5.12***
不作為	11.87	4.77	190	9.55	3.54	125	4.94***

注）GH：ジェンダー・ハラスメント　***：$p<.001$

が支持された（Figure 7-1，Table 7-4）。

第4節　考　察

　本章では，まず，第6章で収集された回答内容からジェンダー・ハラスメント測定尺度を構成し，それらの項目候補について因子構造の確認を行った。その結果，男性行為者・女性行為者とも，ほぼ同じ因子構造が得られた。すなわち，女性に対するジェンダー・ハラスメントは，行為者の性別に拠らず同じ構造を持っていた。また，この構造は，半構造化面接調査により収集・

整理されたジェンダー・ハラスメントの区分（作為・不作為）と一致していた。

　次に，ジェンダー・ハラスメントを行う頻度を男女で比較したところ，男女に差は確認されなかった。もしジェンダー・ハラスメントが平等主義的な態度や性差別的な意識と関連があるならば，女性よりも男性の頻度が高いことが予想されるが，統計的分析結果はその予想を支持していなかった。この結果から，職場のハラスメント対策を講じる場合には，就業男性のみならず，就業女性も対象とされる必要性があるといえるだろう。

　ジェンダー・ハラスメント測定尺度の妥当性を検討した結果，ジェンダー・ハラスメント作為・不作為ともに，現代的性差別以外の尺度で，弱から中程度の相関が認められた。これらの結果は，①男女にまつわる役割において平等主義的でない回答者ほどジェンダー・ハラスメントを行う頻度が高い，②性差観の強い回答者ほどジェンダー・ハラスメントを行う頻度が高い，③女性に対して性差別的な回答者ほどジェンダー・ハラスメントを行う頻度が高い，ということを意味する。

　また，作成されたジェンダー・ハラスメント測定尺度は，女性の管理職比率の違う組織について発生頻度が比較された。その結果，女性管理職比率が低い組織ほどジェンダー・ハラスメントの発生頻度が高いことが示された。これらの結果は，作成された尺度の内容が本研究で定義されたジェンダー・ハラスメントの内容に合致するものであったことを示すものであり，その意味において一定の妥当性が示されたといえよう。

　以上の結果は，本研究で規定されたジェンダー・ハラスメントの概念とほぼ一致する結果であり，その範囲において妥当性が確認されたといえる。

　ただし，現代的性差別とジェンダー・ハラスメント作為との相関は認められず，ジェンダー・ハラスメント不作為との相関係数も低い値となった。この結果は，本研究で作成されたジェンダー・ハラスメント測定尺度が，現代的な性差別には対応していないことを意味するだろう。言い換えれば，日本の組織は，古典的な性差別がまだ多く残っており，分かりやすい形態の性差

別がまだ解決されておらず，現代的な目に見えない性差別を解決するレベルにはまだ到達していないといえるだろう。例えば，男女共同参画社会の指標の１つとしてジェンダー・エンパワーメント（GEM）の値を国際比較してみると，日本は世界で54位と低く，女性が能力を発揮できる環境が整っていないことが推測される（国立女性教育会館，2009）。この指標に示される日本の現状は，作成された日本の職場におけるジェンダー・ハラスメントが，男女の平等が進んでいる米国（GEM：15位）における現代的性差別尺度に対応していないという分析結果に符号しているといえるだろう。

最後に，本章で作成されたジェンダー・ハラスメント尺度とセクシズム尺度との違いを明示する。セクシズム尺度は評定者の持つ性差別的な態度を測定するものであるため，評定者自身の態度を自ら評定することを求めるものであって，周囲の他者から評定されるものではなかった。一方で，本章で作成されたジェンダー・ハラスメント尺度は，行為者・観察者の両方から評定される「行為」として測定される。特にジェンダー・ハラスメント不作為は，敢えて「行わない」ということを態度ではなく行為のレベルで積極的に捉える。たとえば，ジェンダー・ハラスメント不作為は，上司が男性に重要な仕事を与え励ますときに，その場にいる同じくらいの年数・地位の女性には重要な仕事を期待せず声を掛けないといった状況を示す。このときに「女性は重要な仕事は無理なので期待しない」といったことを意識や態度として扱うなら，それは性差別的態度といったレベルに位置し，それを受ける女性から評定されることはないだろう。そこで，就業男性との比較の中で，女性には「行わない」ということを行為として捉えることによって，女性が受けている性差別的な待遇全体を捉え直すことを試みた。

第8章 ジェンダー・ハラスメント測定尺度の妥当性の検証

第1節 目 的

第7章において,ジェンダー・ハラスメント測定尺度の妥当性が検討された。本章では,ジェンダー・ハラスメント測定尺度と既存のジェンダー・ハラスメント尺度との相関の程度を確認することにより,さらにジェンダー・ハラスメント測定尺度の併存的妥当性について検討する。

第2節 方 法

1. 実施時期
調査は,2008年5月から10月にかけて行われた。

2. 調査協力者
調査は,集合方式と委託方式,および著者らによる個別配布・回収による質問紙調査が実施された。まず,集合方式では,社会人を対象とする大学の講習会終了後受講者に調査協力を依頼し,33名が応じた。委託調査では,41名分の調査票の配布・回収を依頼し,41名が回収された。さらに,著者らが直接調査票の配布・回収を行い,26名の回答を得た。

以上の結果,民間企業,公組織に所属する男女100名となった。回答者の属性は次のとおりである。男性62名(62.0%),女性38名(38.0%)であった。年代別では,20代11名(11.0%),30代35名(35.0%),40代36名(36.0%),

50代13名（13.0%），60代2名（2.0%），不明2名（2.0%）であった。

3. 調査項目

本章では，前章で作成されたジェンダー・ハラスメント測定尺度（13項目），ジェンダー・ハラスメント測定項目（佐野・宗方，1999：Table 3-1参照）8項目，Fitzgerald et al.（1995）で使用されたジェンダー・ハラスメント因子を構成する5項目について著者により日本語に訳されたものが使用された。

第3節　結　果

前章で作成したジェンダー・ハラスメントと既存のジェンダー・ハラスメント尺度との相関係数を算出した結果，ジェンダー・ハラスメント作為と，既存の尺度ジェンダー・ハラスメント（佐野・宗方，1999；Fitzgerald et al., 1995）で，それぞれ $r=.546$（$p<.01$），$r=.434$（$p<.01$）となった。また，ジェンダー・ハラスメント不作為では，それぞれ $r=.590$（$p<.01$），$r=.551$（$p<.01$）となった。いずれも中程度の相関が確認された。さらに，ジェンダー・ハラスメント尺度の信頼性を確認するために $α$ 係数を求めたところ，ジェンダー・ハラスメント作為で $α=.848$，不作為で $α=.845$ と十分な値を示し，内的一貫性が確認された。

第4節　考　察

第6章で項目収集され，第7章で妥当性が検討された日本の職場におけるジェンダー・ハラスメント測定尺度について，さらに妥当性の検証を行った。

本章では，併存的妥当性を検討するためにジェンダー・ハラスメントを測定する既存の尺度（Fitzgerald et al., 1995；佐野・宗方，1999）との相関係数を算出した。その結果，ジェンダー・ハラスメント作為・不作為ともに，中程

度の相関が確認され，既存の尺度に対しても関連性が確認された。また，作成された尺度は，Fitzgerald et al.（1995）による米国の尺度よりも，日本において作成された佐野・宗方（1999）の尺度に高い相関を示した。この結果は，ジェンダー・ハラスメントが，社会・文化的価値を背景として発生することを示唆しているだろう。

第9章 ジェンダー・ハラスメントとセクシュアル・ハラスメントの関係性の検討

第1節 序 論

　心理学研究におけるジェンダー・ハラスメントは，セクシュアル・ハラスメントに関する研究の中で，その構成要素として検討されることが多い。それは心理学研究でのセクシュアル・ハラスメントの代表的な定義がFitzgerald et al.（1995）によるものであり，これによるとジェンダー・ハラスメントは，セクシュアル・ハラスメントの3つのカテゴリー（gender harassment：ジェンダー・ハラスメント，unwanted sexual attention：望まない性的注目，sexual coercion：性的強要）のうちの1つとして位置づけられているからである（Figure 9-1 参照）。Fitzgerald et al.（1995）では，ジェンダー・ハラスメントは「最も一般的に報告される性に関わる不快な行動であり，敵意を含んだ，不快な，女性蔑視の態度を伝達する言語的，身体的，象徴的行動から成り立つ」と定義されている。

Figure 9-1　Fitzgerald et al.（1995）によるジェンダー・ハラスメントの位置づけ

一方で，ジェンダー・ハラスメントという概念がセクシュアル・ハラスメントの研究の中で検討されはじめた頃から，ジェンダー・ハラスメントとジェンダー・ハラスメントを除いた他のセクシュアル・ハラスメント項目との関連については現在も議論が継続している。例えば，比較的初期の研究である Fitzgerald et al.（1989）では，セクシュアル・ハラスメントの概念をtype と severity の2次元により説明しているが，ジェンダー・ハラスメントに関してはこの次元では説明できず，この結果から，Fitzgerald et al.（1989）はジェンダー・ハラスメントがセクシュアル・ハラスメントと関連のある別概念として扱われる可能性を指摘している。また，Pryor & Fitzgerald（2002）は，ジェンダー・ハラスメントは性的な目的に基づいた行動ではなく，むしろ性差別論者の行動や女性を攻撃したり貶めたりする行動により構成されていると述べており，Lim & Cortina（2005）がセクシュアル・ハラスメントの概念について共分散構造分析を用いて検討した結果も，ジェンダー・ハラスメントをそれ以外のセクシュアル・ハラスメントから分離したモデルの方が分離していないモデルよりも，高い適合度が得られている。

また，ジェンダー・ハラスメントの問題は，同じ心理学の研究領域においても，セクシュアル・ハラスメント研究とは別に職場いじめの問題として取り上げられ研究がなされてきた。この場合，ジェンダー・ハラスメントに該当するような行為は，職場いじめの一形態として，gendered bullying という言葉が用いられることもある。例えば Jones（2006）は，職場いじめ（workplace bullying）とセクシュアル・ハラスメントを分けて論ずるべきかという観点から，職場のいじめに関連する多くの文献を調査した中で，セクシュアル・ハラスメントと gendered bullying との関係についても言及している。彼女によれば，gendered bullying には性差別が関与していて，gendered bullying とセクシュアル・ハラスメントとは，同時に発生しているが，gendered bullying をセクシュアル・ハラスメントの概念のひとつと

することは，いじめに関する研究においても，セクシュアル・ハラスメント研究の有力な理論的枠組みにおいても，障害があると述べている。

　日本においても，奥山（1999）は，セクシュアル・ハラスメントとジェンダー・ハラスメントは同じように違法な性差別であるとした上で，前者を「性的関心・要求」に起因するハラスメント，後者を「固定的な性役割の強要」に起因するハラスメントとし，法律上も区別されるのが適切だろうと述べている。

第2節　目　的

　ジェンダー・ハラスメントはセクシュアル・ハラスメント概念に含まれるべきか，あるいは，ジェンダー・ハラスメントはセクシュアル・ハラスメントから独立した概念として整理されるべきかどうかを検討する。このために，まず，ジェンダー・ハラスメントと性的な関係を目的とするセクシュアル・ハラスメント（望まない性的注目，性的強要：以下，性的なハラスメントと称する）の2つの結びつきの強さについて検討する。さらに，類似概念に属する「職場の無作法」（Cortina, Magley, Williams, & Langhout, 2001）を比較に用いて，ジェンダー・ハラスメントはセクシュアル・ハラスメントの概念に含まれるかどうか確認する。職場の無作法（workplace incivility）とは，Andersson & Pearson（1999）により「相手を傷つける意図が曖昧な，強烈さの度合いの低い逸脱行動」と定義され，Cortina et al.（2001）により作成された尺度は「自分の発言にほとんど注意を払わなかったり，自分の意見にほとんど関心を示さなかったりした」「公的な，あるいは私的な場面で，ずうずうしい言葉使いで話しかけられた」「職業上の友愛関係から除外されたり，無視されたりした」などの7項目で構成されている。Lim & Cortina（2005）では，性的なハラスメントと性に関連しない一般的ないじめは，より広義のいじめという概念に属するとの統合的視点に立ち，これらの関係性と影響の検討を

行った。この研究の中で Lim & Cortina（2005）は，無作法（incivility）とセクシュアル・ハラスメントはともに個人に対する酷い扱い（mistreatment）でありながら，過去の調査では両者は別々に研究の対象とされてきたという点に着目した。そして Lim & Cortina（2005）は，明確な性的動機づけのないジェンダー・ハラスメントが，一般的な職場のいじめである無作法と性的なハラスメントの概念をつなぐものであると仮定して検討を行った。その結果，ジェンダー・ハラスメントは性的なハラスメントと職場の無作法をつなぐものであることが共分散構造分析によるモデルにより示されている。

　本章では Lim & Cortina（2005）のモデルを応用して，第6章，第7章をとおして作成されたジェンダー・ハラスメント測定尺度を使用して，日本の職場で発生しているジェンダー・ハラスメントとセクシュアル・ハラスメントの関係を検討する。

　なお，本章で用いるセクシュアル・ハラスメントの中の性的なハラスメントに関する項目は，男性が女性に対して「性的な関係を求める」といった性にまつわる言動を測定するため，女性が女性に対して行う性的なハラスメントを想定していない。このため，男性行為者のみを対象として調査を実施する。

第3節　方　法

1. 実施時期
調査は，2008年2月から5月にかけて実施された。

2. 調査協力者
　民間企業や公組織に所属する男性就業者を対象として，著者らによる個別配布・個別回収，委託調査，集合調査の併用による質問紙調査が実施された。委託調査方式を採用した民間企業A社には，2008年2月に32名分の調査票

の配布・回収を依頼し，すべて回収された。公組織Bには，2008年3月に262名分の調査票の配布・回収を依頼し，84件が回収された。集合調査では，2008年5月に社会人を対象とする大学の講習会終了後調査協力を依頼し，11名が応じた。また，複数の民間事業所が所属する団体に対し委託調査を依頼し，91名の回答を得た。さらに，著者らが直接調査票の配布・回収を行い，4名から回答を得た。

したがって，調査対象は，民間企業，公組織に所属する男性222名となった。白紙等の回答はなく，すべてが分析対象とされた。回答者の属性は次のとおりである。年代別では，20代17名（7.7%），30代70名（31.5%），40代78名（35.1%），50代46名（20.7%），60代7名（3.2%），不明4名（1.8%）であった。業種別では，最も多かったのが，官公庁92名（41.4%），次いで，卸・小売業77（34.7%），製造業17名（7.7%）であった。

3. 調査項目

第6〜7章で作成されたジェンダー・ハラスメント測定尺度13項目，セクシュアル・ハラスメント（佐野・宗方，1999），職場の無作法（Cortina et al. 2001）を使用した質問紙調査を実施した。性的なハラスメントについては，佐野・宗方（1999）で使用されたジェンダー・ハラスメント以外のセクシュアル・ハラスメントの項目の中から，「猥談を一方的に聞かせる」「性的経験を尋ねる」「性的な関係の誘い」などの7項目が採用された。職場の無作法は，「職業上の友愛関係から除外されたり，無視されたりした」などの7項目により構成されるCortina et al.（2001）により作成された尺度を使用した。これらの項目は行為を受けた経験を問うているため，項目内容を受動態から能動態に変えて使用された。各尺度の項目は，5段階（1：全く行わなかった〜5：頻繁に行った）で評定された。これらの項目についての評定点が高いほど，その行為を行う頻度が高いとみなされる。

第4節 結　果

1. 各尺度の信頼性係数及び相関係数

　各尺度の信頼性係数は，ジェンダー・ハラスメント測定尺度を構成する下位尺度である作為，不作為で，それぞれ $a=.815$，$a=.868$ であった。性的なハラスメントは $a=.858$ であった。職場の無作法は $a=.846$ であった。各尺度の相関係数は，ジェンダー・ハラスメント作為と不作為，性的なハラスメント，職場の無作法では，それぞれ $r=.505$（$p<.01$），$r=.390$（$p<.01$），$r=.340$（$p<.01$）となり，ジェンダー・ハラスメント不作為と性的なハラスメント，職場の無作法では，それぞれ $r=.406$（$p<.01$），$r=.351$（$p<.01$）となった。

2. 探索的因子分析

　ジェンダー・ハラスメント，性的なハラスメント，職場の無作法について，最尤法による因子分析を行った。固有値の減衰状況から因子数を4と指定し，プロマックス回転を行った結果，4つの因子は，それぞれジェンダー・ハラスメント作為，ジェンダー・ハラスメント不作為，性的なハラスメント，職場の無作法の項目で構成されていることが確認された（Table 9-1）。

3. 確認的因子分析

　まず，ジェンダー・ハラスメントと性的なハラスメントについて分析モデルを設定し，共分散構造分析による比較を行った（Figure 9-2）。ジェンダー・ハラスメントと性的なハラスメントを1因子としたモデルc，ジェンダー・ハラスメントを1因子とし，性的なハラスメントから切り離したモデルb，さらに，ジェンダー・ハラスメントを2因子とし，性的なハラスメントから分離したモデルaを設定し，それぞれのモデルの適合度を比較した。その結果，Table 9-2に示すように，ジェンダー・ハラスメント（2因子）を

Table 9-1 ジェンダー・ハラスメント，性的なハラスメント，職場の無作法の探索的因子分析結果（プロマックス回転後の因子パターン）

	因子			
	Ⅰ	Ⅱ	Ⅲ	Ⅳ
GH1	.019	.043	.133	**.497**
GH2	−.096	.341	−.079	**.527**
GH3	−.025	−.037	−.029	**.859**
GH4	−.089	.202	−.046	**.651**
GH5	−.041	−.115	−.001	**.819**
GH6	.047	.086	.071	**.317**
GH7	.257	−.108	−.008	**.602**
GH8	−.033	**.709**	.015	.071
GH9	−.023	**.862**	.032	−.091
GH10	−.051	**.665**	−.069	.053
GH11	.003	**.738**	.093	−.028
GH12	.017	**.739**	.017	.028
GH13	.186	**.659**	−.036	−.003
SH1	**.726**	−.017	−.010	.000
SH2	**.333**	.168	.030	.209
SH3	**.447**	.135	−.049	.136
SH4	**.879**	.023	−.056	−.068
SH5	**.681**	−.008	.104	.038
SH6	**.958**	−.031	−.024	−.081
SH7	**.741**	−.030	−.009	.023
WI1	.108	.098	**.651**	−.119
WI2	−.057	.202	**.613**	−.032
WI3	−.012	−.109	**.822**	.095
WI4	.028	−.268	**.741**	.147
WI5	.063	.107	**.648**	.006
WI6	−.097	.009	**.693**	−.084
WI7	−.037	.107	**.592**	−.008
因子間相関	Ⅰ	Ⅱ	Ⅲ	Ⅳ
Ⅰ	—	.330	.444	.331
Ⅱ		—	.388	.523
Ⅲ			—	.365
Ⅳ				—

注）GH：ジェンダー・ハラスメント（1〜7：作為，8〜13：不作為），SH：セクシュアル・ハラスメント（性的なハラスメント），WI：職場の無作法

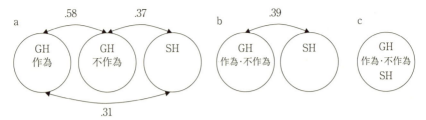

注）GH：ジェンダー・ハラスメント，SH：セクシュアル・ハラスメントのうちの性的なハラスメント

Figure 9-2　ジェンダー・ハラスメントと性的なハラスメントの関係

Table 9-2　各モデルの適合度の比較

モデル	χ^2値	df	CFI	NFI	RMSEA
a	229.44	151	.963	.901	.048
b	636.83	169	.773	.719	.112
c	1150.19	170	.524	.493	.162

性的なハラスメントから切り離したモデルaが最もよい当てはまりを示した。また，このモデルにおける，すべての項目間の標準化係数は有意であった。

　しかし，モデルaはジェンダー・ハラスメントが性的なハラスメントとは別個の概念である可能性を示すが，両者はより広義の概念としてのセクシュアル・ハラスメントの中に存在する別因子であるという可能性をも同時に示している（Figure 9-3）。ジェンダー・ハラスメントがセクシュアル・ハラスメント概念の下位概念ではなく，別概念として扱われるべきことを示すためには，これら2つの関係性が相対化されなければならない。そこで，モデルaに独立した類似概念を加えて，ジェンダー・ハラスメントと性的なハラスメントの結びつきの相対的な強さを確認する。ジェンダー・ハラスメントの性的なハラスメントに対する関係の強さが類似概念に対する関係性の強さと比較して同じか弱ければ，両者は別概念と捉えられると解釈可能である。類似概念として，Lim & Cortina（2005）で用いられた一般的ないじめ尺度である職場の無作法を用いて，共分散構造分析による検討を行った（Figure

9-4)。職場の無作法とセクシュアル・ハラスメントは別個の概念であるが，職場で起こっているいじめという観点からより広く捉えるならば，両方とも同じ「職場いじめ」に属するだろう（Lim & Cortina, 2005）。

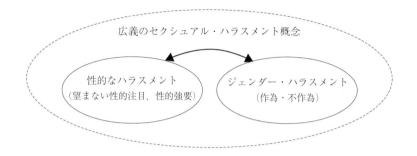

上記のモデルでは，破線で括られているように，ジェンダー・ハラスメントは，性的なハラスメントとは別概念であるが，広義のセクシュアル・ハラスメント概念の中に取り込まれていると解釈可能である。
　そこで，この2つの尺度同様に「職場いじめ」に属するが，セクシュアル・ハラスメントからは独立した概念である「職場の無作法」を用いて，ジェンダー・ハラスメントとセクシュアル・ハラスメントの関係の強さを相対化する。

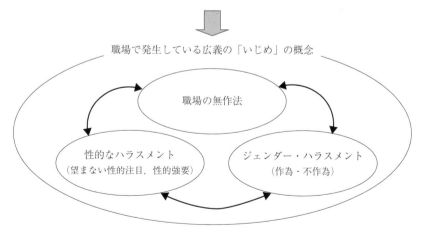

Figure 9-3　ジェンダー・ハラスメントがセクシュアル・ハラスメントから独立した概念であることについての検証モデル

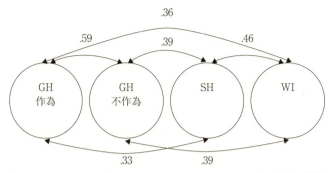

注) GH：ジェンダー・ハラスメント，SH：セクシュアル・ハラスメントのうちの性的なハラスメント，WI：職場の無作法

Figure 9-4 ジェンダー・ハラスメント，性的なハラスメント，職場の無作法の関係の分析モデル

　分析の結果，このモデルに対するデータの適合度は許容範囲であると判断され（CFI=.918, NFI=.830, RMSEA=.059），すべての項目間の標準化係数が有意となった。ジェンダー・ハラスメント作為の性的なハラスメントとの相関係数は $r=.334$（$p<.01$），職場の無作法とでは，$r=.356$（$p<.01$）であった。ジェンダー・ハラスメント不作為の性的なハラスメントとの相関係数は $r=.386$（$p<.01$），職場の無作法とでは，$r=.391$（$p<.01$）であった。ジェンダー・ハラスメントと性的なハラスメントの相関係数は，職場の無作法の相関係数と比較して高い値を示さなかった。

第5節　考　察

　心理学研究におけるジェンダー・ハラスメントは，セクシュアル・ハラスメントの一形態として研究されてきた（例えば，Fitzgerald, 1995）。一方で，両者は分けて論じるべき問題とされている（例えば，Lim & Cortina, 2005）。
　本章では，ジェンダー・ハラスメントがセクシュアル・ハラスメントの下位概念とされるべきかどうか検討するために，類似概念である職場の無作法

を比較に用いて，男性就業者の行為の頻度の評定について分析を行った。まず，第1段階として，モデルを指定して，第6章から第7章で作成されたジェンダー・ハラスメントと性的なハラスメントを分析の対象とし，3つのモデルを用いて共分散構造分析による分析を行った。3つのモデルの比較を行った結果，ジェンダー・ハラスメントを作為・不作為の下位尺度に分け，性的なハラスメントから分離したモデルが最も高い適合度を示した。次いで，ジェンダー・ハラスメントと性的なハラスメントの関係性の程度を相対化するために，このモデルに類似概念である職場の無作法をモデルに組み込んで分析を行った。その結果，モデルの適合度は許容範囲となり，すべての項目間の標準化係数は有意な値を示した。ジェンダー・ハラスメントの性的なハラスメントとの相関係数は，職場の無作法に対する相関係数と比べて高い値を示さなかった。このことは，ジェンダー・ハラスメント行為の発生には，性的なハラスメントの発生と同じかそれよりも，職場の無作法の発生を伴うことを示している。つまり，ジェンダー・ハラスメントは，別概念である職場の無作法と同じくらい，あるいはそれ以上に，性的なハラスメントとは関連が弱いということである。すなわち，この結果は，職場で男性が女性に対して行う性的な接触といった行為は，女性の職務遂行能力を男性よりも低く見積もるということや，女性にのみ，細やかな気配りや気遣いを求めるといった行動とは，分けて論ぜられるべきであり，両者の性質が異なることを示唆している。従来の心理学研究におけるジェンダー・ハラスメントは，セクシュアル・ハラスメントの下位概念として位置づけられているが，本研究の結果からは，ジェンダー・ハラスメントはセクシュアル・ハラスメントと関連のある別概念として検討されるべき可能性が示唆された。ただし，比較に用いた職場の無作法は日本で開発された尺度ではないため，これらの関係性については今後さらに検討される必要があるだろう。また，セクシュアル・ハラスメントとジェンダー・ハラスメントが別概念と捉えられていることを示すには，行為者による頻度の評定だけでなく，被害女性の不快感や認

知といった観点からも検討される必要があるだろう。

　第6章から9章で検討されたジェンダー・ハラスメントの内容は，職場の中で女性がその能力や経験とは無関係に，女性であるということにより，固定化された役割を担うことを求められることである。このようなジェンダー・ハラスメントは，現代日本の社会においてはどのような意味を持つだろうか。

　1999年に公布・施行された男女共同参画社会基本法では，「性別にかかわりなく，その個性と能力を十分に発揮することができる男女共同参画社会の実現は，緊要な課題となっている」と前文に謳っている。男女共同参画社会とは，「社会的・文化的に形成された性別による固定的な役割分担意識にとらわれることなく，男女が個人としての能力を発揮する機会が確保される」社会である（内閣府男女共同参画局，2004）。さらに「性別による固定的な役割分担」についての大沢（2002）による条文の解説では，「ジェンダーは，異なっているが対等だという類の区分ではなく，タテ型の階層制そのものであって，男が標準，普遍，主であり，女は差異を持つ者，特殊，従である」と述べている。したがって，職場での男女の役割において，男女で適性が異なるから，当然両者は区別され，それぞれ異なる役割を担うべきとする男女特性論により職務役割を性別で一律に仕分けして従業員にあてがうことは，男女共同参画社会基本法の理念に反すると読み取ることができる。このことから，男女特性論に基づく行為であるジェンダー・ハラスメントは，法解釈上も就業女性に対する性差別的行為にあたるといえる。

　しかし，ジェンダー・ハラスメントがいくら性差別的な行為であることを示しても，古典的な性役割に基づいた女性らしい仕事を固定化されることに抵抗がない就業女性は存在するだろう。そしてそのような女性にとっては，ジェンダー・ハラスメントは不快なものではなく，むしろ自然に受け止められているかもしれない。今後は，職場の中で女性が被るジェンダー・ハラスメントをどのように捉えられているか調査される必要があるだろう。さらに，

ジェンダー・ハラスメントが就業女性にどのように影響を及ぼすかについて検討が求められるだろう。

第Ⅲ部
ジェンダー・ハラスメントが就業女性に及ぼす影響

第10章　ジェンダー・ハラスメントが就業女性の精神的健康状態に及ぼす影響

第1節　序　論

1．ストレッサーとしてのジェンダー・ハラスメント

　第6章から9章において，日本の職場で女性に対して行われるジェンダー・ハラスメント測定尺度が作成された。そして，このようなジェンダー・ハラスメントをセクシュアル・ハラスメントから独立した概念として再整理し，「ジェンダーに基づく役割を他者に期待する行為」と定義し，日本の職場の女性が男女両方から受けるジェンダー・ハラスメント測定尺度を作成した。この尺度は，「女性にのみ，お茶くみや雑用をする役割を期待する」「女性がいると職場が和むと言う」といったジェンダー・ハラスメント作為と「重要な仕事や交渉事は女性には無理という理由から，期待されない」「同じくらいの年数・地位の男女がいたら，女性をより低く扱う」といったジェンダー・ハラスメント不作為，の2つの下位尺度から構成されている。前者は女性であることを理由に，周縁的な役割を期待することを意味し，後者は基幹的な役割を期待しないことである。特に前者に該当する行為は，その女性の職務遂行能力を低く評価するものであるが，過重な職務を女性に押し付けるものでもなく，明らかに女性を傷つける意図から出た言動でもない。このため，就業女性への悪影響について注目されることがあまりなかった。

　ところで，中野（2008）は，女性が「自分があまり期待されていない」ということを自分の気持ちの中で整理しながら働くことは大変なことであり，

このこともストレスの原因になりうるという観点が日本のストレス対策には欠落していることを指摘している。この見解によれば，日本における職場のストレス対策は男性中心であって，過大な期待つまり長時間労働しか職場のストレスとして自覚されていないといえる。一見深刻な害はなさそうに見える女性の受けるジェンダー・ハラスメントは，実は女性特有の新しい形態のストレッサーとして注目されるべきではないだろうか。

2. ジェンダー・ハラスメントの影響

ジェンダー・ハラスメントの経験が及ぼす影響について検討している論文は極めて少ないが，前述のとおり，いくつかの研究によりそれが及ぼす悪影響が確認されている。Piotrkowski (1998) は，白人女性と人種・民族的マイノリティの米国の就業女性を対象にジェンダー・ハラスメントに関する調査においてジェンダー・ハラスメントを受けた頻度の評定に差は見られなかったが，白人女性，マイノリティとも，ジェンダー・ハラスメントを受けることで精神的苦痛（distress）が高まり，職務満足が低下していた。Parker & Griffin (2002) は，Piotrkowski (1998) の研究結果を受け，ジェンダー・ハラスメントがどのような過程を経て女性に悪影響を及ぼすかについて検討した。その結果，伝統的に男性優位な職場の中で女性がジェンダー・ハラスメントを受けると，職場に受け容れてもらうために過大な職務遂行要求を引き起こし，間接的に精神的苦痛を引き起こすことが確認された。

日本の職場のジェンダー・ハラスメントについて，宗方 (2001) は「性別に基づく嫌がらせや女性を一人前扱いしない言動」と解説し，女性たちの「やる気を削ぐ，非常に巧妙で目に見えにくい暗黙のシナリオになっているのではないか」と述べた。

3. ハラスメントへの不快感

ハラスメントの意味が「嫌がらせ」であることを考えれば，セクシュア

ル・ハラスメントは，受け手がセクシュアル・ハラスメントに該当する行為を不快と感じることが前提とされるだろう。しかし，同じ行為であっても，行為者が異なれば受け手の感じ方は異なるだろうし，また，受け手が異なれば感じ方も異なってくる可能性もあるだろう。このようにセクシュアル・ハラスメント研究では，セクシュアル・ハラスメントに該当する行為の認知には個人差が確認されている。例えば，Gutek（1983）によると，仕事の話をして身体に触るという行為でも，男性は女性よりも肯定的に，すなわち親和的態度の発露であると捉えている。田中（2006）が指摘するように，セクシュアル・ハラスメントの知覚の性差の研究結果は必ずしも一貫していないが，Rotundo et al.（2001）によれば，女性は男性よりもハラスメントと捉える行為の範囲が広い。例えば，性的な強要といった最も深刻な行為よりも，女性を傷つけるような態度やデートに誘うといった行為を，女性は男性よりセクシュアル・ハラスメントと捉えやすい。また，セクシュアル・ハラスメントに対する反応は，女性の中でも個人差が確認されている。例えば，Hesson-McInnis & Fitzgerald（1997）は，若くて未婚で学歴の低い女性や自尊心の低い女性が，セクシュアル・ハラスメントに対して最も傷つきやすいと報告している。

このように，どの行為がセクシュアル・ハラスメントで，どの行為がセクシュアル・ハラスメントではないかの判断は人によりに異なる可能性[14]がある。このため，当該行為を受け被害を訴えても，しばしば「被害者意識が強い」「本人の気の持ちよう」といったように，受け手の知覚の問題に帰結されてしまうことが起こり得るだろう。

4. セクシュアル・ハラスメントのラベリング効果

それでは，ハラスメントによる心身への悪影響は，受け手がそれをハラス

---

[14] このため，セクシュアル・ハラスメント研究の多くは，セクシュアル・ハラスメントが成立する可能性のある行為をセクシュアル・ハラスメントと定義し，その頻度を評定させている。

メント(不快な経験)と捉えることで喚起されるのであろうか。あるいは，経験そのものから直接的にもたらされるのであろうか。このような観点から，Magley et al.(1999)は，セクシュアル・ハラスメントをどう捉えるかには個人差があることに着目し，セクシュアル・ハラスメントに該当する行為を受けたときに悪影響を及ぼすのは，それをハラスメントとラベリングすることなのか，あるいは行為を受ける頻度なのかといった視点から，米国の3つの組織を対象に検討を行った。その結果，ハラスメントを受ける頻度が高くなるほど精神的な悪影響が高まり，ラベリング効果は確認されなかった。そればかりか，受けた頻度が高いにも拘わらずそれをラベリングできなかった女性は，ラベリングした女性よりもセクシュアル・ハラスメントによる精神的な悪影響を生じやすかった。Munson et al.(2001)は，この研究について米軍組織を対象に追試を行っているが，その結果では，セクシュアル・ハラスメントを受けることによる仕事への影響は確認されたが，ラベリング効果は確認されなかった。

　それでは，ジェンダー・ハラスメントについてはどうであろうか。前述のParker & Griffin(2002)では認知的な側面については検討されていないが，女性がジェンダー・ハラスメントを経験しダメージを受けても，必ずしもジェンダー・ハラスメントを自分にとって害のあるものと認識していないことに言及している。日本においては，小林(2009)が認知的観点からラベリング効果を検討している。これにより，ジェンダー・ハラスメントを受けた女性で，それをハラスメントと捉えている女性はむしろ少数派であること，ジェンダー・ハラスメントを相手の偏見に基づいた行為であると認知しない女性回答者は，認知している女性回答者よりも職場で競争的になることが見出されている。しかし，ジェンダー・ハラスメントに対する認知とそれが女性の心身にどのような悪影響を及ぼすかについての研究は蓄積されていない。ジェンダー・ハラスメントの及ぼす精神的悪影響は，それを「不快な経験」と捉えることから生じるのか，それとも不快と思わなかったとしても，その

行為の経験から直接的に生じるのだろうか。

第2節　目　的

　以上の先行研究を踏まえ，本章では日本の職場で発生しているジェンダー・ハラスメントの及ぼす影響について検討する。第6章と第7章では，日本の職場ではジェンダー・ハラスメントには女性に固定化された役割を担うことを求める言動と，組織の重要な役割を担わないことを期待する行為という2つのタイプが想定され，それぞれジェンダー・ハラスメント作為，ジェンダー・ハラスメント不作為と命名された。ジェンダー・ハラスメント作為は，「女性がいると職場が和むと言う」といったように，その女性を侮辱する意図が明らかでない言動であり，このような言動を受けた女性はその言動を必ずしも否定的なものとして受け止めない可能性がある。また，ジェンダー・ハラスメント不作為は，女性に対して重要な仕事は「しなくていい」というメッセージにあたる。こうした行為は，職場においては過重な職務をストレッサーとして重視する従来のストレス研究の範疇からはストレッサーと解釈されづらく，職場の中心的な問題として検討されることはあまり多くなかった。そこで本章では，ジェンダー・ハラスメントを就業女性特有のストレッサーと捉え，ジェンダー・ハラスメントの経験とジェンダー・ハラスメントを受けたときの不快感が就業女性の精神的健康状態にどのような影響を及ぼすかを中心に検討する。

1．ジェンダー・ハラスメントに対する不快感
　前述のように，日本においてジェンダー・ハラスメントは，宗方（2001）により「性別に基づく差別的な言動や，女性を一人前扱いしない発言などによる嫌がらせ」と解説されている。このことから，職場で自身の能力を発揮したいと考えたり，昇進したいと考える女性，いわゆる「やる気」のある女

性ほど，ジェンダー・ハラスメントは不快であることが想像される。そこで，次の仮説を検証する。

仮説1A：昇進の意思が高い就業者ほど，ジェンダー・ハラスメントを不快に感じるだろう。

仮説1B：能力を高めて仕事に活かしたいと考えている就業者ほど，ジェンダー・ハラスメントを不快に感じるだろう。

2. ジェンダー・ハラスメントの頻度の影響

Piotrkowski（1998）の研究結果によれば，職場の女性はジェンダー・ハラスメントを受けることで精神的苦痛が高まる。Parker & Griffin（2002）は，Piotrkowski（1998）の研究結果を受け，ジェンダー・ハラスメントがどのような過程を経て女性に悪影響を及ぼすかを検討した。その結果，職場でジェンダー・ハラスメントを受けた頻度は被害者の女性の精神的苦痛に直接影響を与えず，ジェンダー・ハラスメントを受けるほど，過大な職務遂行要求を自ら課していた。その過大な職務遂行要求が高くなるほど，女性の抑うつ傾向も高くなった。そこで次の仮説を検証する。

仮説2：ジェンダー・ハラスメントを受けた頻度は，過大な職務遂行要求を媒介してジェンダー・ハラスメント被害者の精神的健康状態にネガティブな影響を及ぼすであろう。

仮説3：ジェンダー・ハラスメントを受けた頻度が精神的健康状態に及ぼす影響は，直接的影響よりも間接的影響が大きいだろう。

3. ジェンダー・ハラスメントに対する不快感の影響

先行研究によると，セクシュアル・ハラスメントが就業女性に及ぼす影響は受けた頻度によるものであり，受けた行為をセクシュアル・ハラスメントと見なしたためではなかった（Magley et al., 1999；Munson et al., 2001）。むしろ，その行為をハラスメントとラベリングしないほど悪影響が高まる可能性

が示唆された（Magley et al., 1999）。

　一方，小林（2009）の研究では，受けた行為をジェンダー・ハラスメントであると認知しない女性は認知している女性よりも競争的達成動機を高く評定していた。そしてこの結果から，ジェンダー・ハラスメントを認知しない女性は，女性に固定化された周縁的な職務役割の中で，女性同士の競争を繰り広げていることが示唆された。

　これらの研究結果は，ジェンダー・ハラスメントとセクシュアル・ハラスメントの悪影響の原因が頻度であるか認知であるかという点について異なっているが，ハラスメントをハラスメントと捉えない就業女性にも何らかの悪影響が及ぼされているという点で一致した見解を示している。つまり，ハラスメントに該当する行為を受けた女性の立場に立って心身への影響の軽減を考えた場合，その女性は当該行為をむしろ積極的にハラスメントと捉える方がよいという可能性がある。

　ところで，Magley et al.（1999）におけるセクシュアル・ハラスメントのラベリングの測定方法は，まず，セクシュアル・ハラスメントとなりうる行為についてセクシュアル・ハラスメントという言葉を使用せずに受けた頻度を評定させ，その後に，今までどの程度セクシュアル・ハラスメントを受けたかについて評定を求めている。すなわち，受けた行為をセクシュアル・ハラスメントと命名しているかによってラベリングしているか否かを測定している。しかし，ジェンダー・ハラスメントのラベリングを測定するにあたり，この評定方法を踏襲するのは，この語の一般的な知名度から考えると妥当ではないだろう。

　そこで本研究では，ジェンダー・ハラスメントを受けたときの女性の不快感に着目し，ジェンダー・ハラスメントが悪影響を及ぼすのは，受けたジェンダー・ハラスメントに対して不快感を持たないことが原因であるかどうかについて検証する。

　仮説4：ジェンダー・ハラスメントを不快であると認知しないほど，女性

の精神的健康状態は悪くなるであろう。

Parker & Griffin (2002) は，ジェンダー・ハラスメントが過大な職務遂行要求に与える影響への仮説の導出にAdams (1965) の衡平理論を援用している。これによれば，人は貢献に対する報酬の率が他人よりも低いと知覚した場合，貢献することを控えることによって不公平感を是正する。一方，同じ報酬を得ようと投入量を増やすこともある。もし，就業女性がジェンダー・ハラスメントの原因を就業女性自身の職務遂行能力ではなく，行為者の偏見に帰属していれば，その行為に対して不快感を持ち，仕事の投入量を増やそうとはしないだろう。そこで，本章では次の仮説を検証する

仮説5：ジェンダー・ハラスメントを不快であると認知するほど，女性の過大な職務遂行要求は低くなるであろう。

第3節　方　法

1. 調査の実施時期と対象者

2009年1月から3月にかけて，就業女性を対象に調査が実施された。調査対象者は，性別の構成比に極端な偏りのない15の事業所（民間企業，公組織）に所属する女性就業者（正規雇用）249名であった。著者が直接，または間接的に調査票を配布し，そのうち200件が回収された。白紙回答はなく，200名分が分析対象とされた。

2. 調査項目

(1) ジェンダー・ハラスメント

第Ⅱ部で作成されたジェンダー・ハラスメント測定尺度（作為：7項目，不作為：6項目）を使用した。本章では，この尺度の項目は受動態に書き改められ，職場で受けた（あるいは，周囲の女性が体験するのを見た）頻度の自己評定（1：「全くなかった」～5：「頻繁にあった」）と，受けた場合の不快感について5

段階（1：「全く不快と感じない」〜5：「大変不快に感じる」）で評定された。各項目の評定値の合計得点を，それぞれジェンダー・ハラスメントの頻度，ジェンダー・ハラスメントへの不快感の指標とする。

(2) **過大な職務遂行要求**

Parker & Griffin（2002）が開発した「同僚の2倍も一生懸命に働かなくてはならないと感じる」「自分の能力を証明しようと絶えず努力していると感じる」「ミスをおかすのではないかと気に病む」「頼まれた仕事はすべて引き受けなければならないと感じる」から構成される4項目について，5段階（1：「全くない」〜5：「いつもそうだ」）で評定された。これらは著者によって邦訳され，英語に堪能な日本人によって英文の原版とのチェックがなされた。

(3) **職務への態度**

「あなたは，将来今よりも上位の役職に就きたいと思いますか」（以下，昇進の意思），「あなたは，自分の能力を高めて職務に活かしたいと思いますか」（以下，能力発揮の意思）の2項目について，5段階（1：「そう思わない」〜5：「そう思う」）で評定された。

(4) **精神的健康状態**

精神的健康状態を測定する尺度として，日本版精神健康調査票を使用した。本調査では，調査対象者の身体的，社会的，心理的適応状態を知るための指標である，中川・大坊（1985）により30項目に短縮された日本語版（GHQ-30）を用いた。下位尺度は，一般的疾患傾向（A群），身体的症状（B群），睡眠障害（C群），社会的活動障害（D群），不安と気分変調（E群），希死念慮うつ傾向（F群）の6つからなり，各界尺度は5項目で構成されている。これらはリッカート法による採点方法が採用されいる。具体的には，最近の健康状態について尋ねる各項目に対して，4段階（1：「全く無かった」〜4：「たびたびあった」）で評定された。得点が高いほどストレス反応が高いことを示している。

(5) 個人変数

　回答者の年齢については回答の負担を軽減するために，1：「20歳未満」から5歳刻みで10：「60歳以上」までの10段階で評定された。勤続年数については，1：「0～5年未満」から5歳刻みで9：「40年以上」までの9段階評定で評定された。一週間の就業時間については，1：「30時間未満」から5時間刻みで8：「60時間以上」までの8段階で評定された。通勤時間については，1：「30分未満」から30分刻みで6：「2時間半以上」までの6段階で評定された。

第4節　結　果

1. 回答者の属性

　回答者の属性については，次のとおりであった。まず，年齢は35～40歳未満が32件（16.0%）で最も多く，次いで，20～25歳未満，25～30歳未満，30～35歳未満がすべて同じ件数で28件（各14.0%）であった。勤続年数の最頻値は0～5年未満で（56件，28.0%），次いで15～20年（43件，21.5%）であった。職階の最頻値は一般職員（108件，54.0%），次いで，主任（55件，27.5%）であった。

2. ジェンダー・ハラスメント測定尺度

(1) ジェンダー・ハラスメント測定尺度の因子構造

　ジェンダー・ハラスメント測定尺度の頻度の評定に関して，固有値1.0以上の基準を設け，重み付けのない最小2乗法による因子分析・バリマックス回転を行ったところ，2因子が検出された。次に因子負荷量が.40未満で，どちらの因子にも.35以上の負荷量を示したNo.6（婚姻や出産や年齢により，「女の子」「おくさん」「おばさん」「おかあさん」などと呼び方を変えられる）を除いて再度因子分析を行ったところ，2因子が検出された。結果をTable 10-1

に示すように，第7章の研究結果と同じ構造（ジェンダー・ハラスメント作為・ジェンダー・ハラスメント不作為）が得られた。尺度の信頼性を確認するためにα係数を求めたところ，ジェンダー・ハラスメント作為で.869，不作為で.886と十分な値を示し，内的一貫性が確認された。

次に，ジェンダー・ハラスメント測定尺度の不快感について因子分析を行った結果，ジェンダー・ハラスメント測定尺度の頻度に同様の構造が見られた。各因子のα係数を算出したところ，ジェンダー・ハラスメント作為で.845，不作為で.910と十分な値を示し，内的一貫性が確認された。

Table 10-1　ジェンダー・ハラスメント測定尺度の因子分析：バリマックス回転後の因子負荷量

	GH作為	GH不作為	共通性
5．女性がいると職場が和むと言われる	**.797**	.175	.666
3．職場の花としての役割を期待される	**.783**	.242	.671
4．男性と比べ，庶務的な細かい仕事を割り当てられる	**.713**	.353	.634
1．お茶くみや雑用をする役割を期待される	**.663**	.223	.489
2．仕事を評価するとき，女性の特性を強調される	**.657**	.384	.579
7．何かと声をかけられ，かまわれる	**.517**	.133	.285
11．同じくらいの年齢・地位の男性よりも，低く扱われる	.282	**.827**	.763
13．いざというときに当てにならないお荷物的存在だと言われる	.101	**.778**	.616
12．反論や批判をしたとき，女性だから感情的なのだと捉えられる	.206	**.738**	.586
9．女性はリーダーに向かないという理由から，指導的役割を期待されない	.391	**.641**	.564
10．女性は研修や仕事の機会が限られるのは，当然だといわれる	.318	**.592**	.452
8．重要な仕事や交渉事は女性には無理という理由から，期待されない	.497	**.567**	.568
因子寄与率（％）	29.40	27.87	57.27

(2) ジェンダー・ハラスメント経験の頻度

就業女性がジェンダー・ハラスメントをどの程度経験しているか算出した。ジェンダー・ハラスメント作為およびジェンダー・ハラスメント不作為は，それぞれ6項目から構成され，合計得点の得点範囲はともに6～30点であるのに対し，平均値はそれぞれ16.07，12.16であり，標準偏差は，5.68，4.80であった。何らかのジェンダー・ハラスメントを受けている就業女性の割合を算出するために，ジェンダー・ハラスメント12項目について，1（全くなかった），2（ほとんどなかった）を「0」，3（たまにあった）～5（頻繁にあった）を「1」に置換して，ジェンダー・ハラスメント作為・ジェンダー・ハラスメント不作為の合計得点をそれぞれ算出した。その結果，ジェンダー・ハラスメント作為では，0点が26人（13.5%），1点以上が167人（86.5%），不作為では，0点が84人（43.8%），1点以上が108人（56.3%）であった。ジェンダー・ハラスメント作為に該当する行為を8割以上の就業女性が，ジェンダー・ハラスメント不作為に該当する行為を5割以上の就業女性が経験していることが示された。

(3) ジェンダー・ハラスメントに対する不快感の程度

ジェンダー・ハラスメントの各項目に対する不快感の評定がFigure 10-1に示される。

ジェンダー・ハラスメントに対する不快感の得点範囲6～30点に対し，作為の平均値は17.53，標準偏差は5.34，不作為の平均値は24.69，標準偏差は4.99であった。これらについて対応のあるt検定を行った結果，不作為への不快感は作為への不快感よりも有意に高い値を示した（$t(192)=16.834, p<.01$）。

3. 過大な職務遂行要求および精神的健康状態（GHQ-30）の基本統計量

(1) 過大な職務遂行要求

過大な職務遂行要求4項目の得点（1～5点）の合計を尺度得点とした。

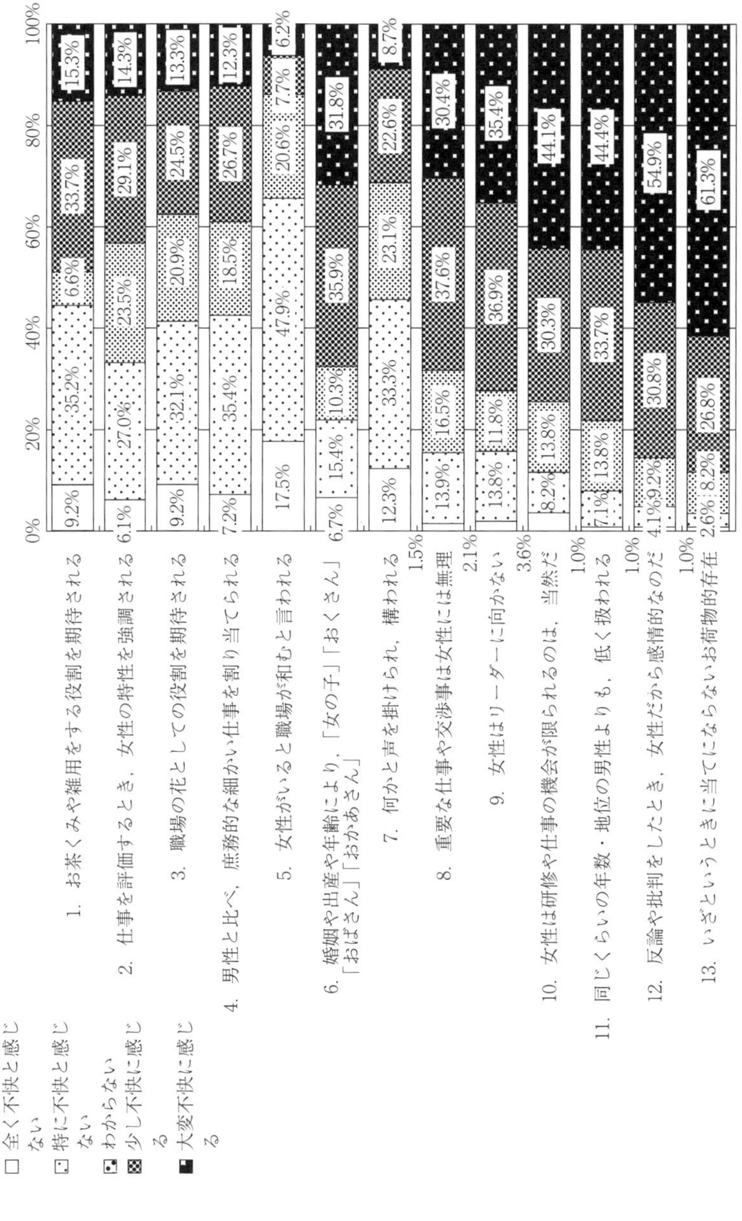

第 10 章　ジェンダー・ハラスメントが就業女性の精神的健康状態に及ぼす影響　99

Figure 10-1　ジェンダー・ハラスメントの各項目に対する不快感の評定

得点範囲4〜20点に対し，平均値は10.57であり，標準偏差は3.35となった。尺度の信頼性を求めるためにαの係数を算出したところ，.739となり，内的一貫性が確認された。

(2) **職務への態度**

「昇進の意思」および「能力発揮の意思」の得点範囲のそれぞれ1〜5点に対し，昇進の意思の平均値は2.76，標準偏差は1.32，能力発揮の意思の平均値は4.13，標準偏差は1.01であった。

(3) **精神的健康状態（GHQ-30）**

本研究においては，精神的健康状態の30項目について1〜4点を配点し，これらの合計得点を尺度得点とした。したがって，得点範囲は30〜120点であった。平均値は60.28，標準偏差は13.34となった。

4. 各項目の相関係数

ジェンダー・ハラスメント（作為・不作為）の頻度，ジェンダー・ハラスメント（作為・不作為）への不快感，過大な職務遂行要求，年齢，職務態度（昇進の意思・能力発揮の意思），精神的健康状態の相関係数を算出した（Table 10-2）。ジェンダー・ハラスメント作為の頻度及びジェンダー・ハラスメント作為への不快感の相関係数は有意とならず，同様に不作為についても頻度と不快感では有意な相関は認められなかった。これらの結果から考えると，ジェンダー・ハラスメントの頻度はジェンダー・ハラスメントへの不快感の評定とは独立に評定されたとみなされる。ジェンダー・ハラスメント作為の頻度とジェンダー・ハラスメント不作為の頻度の相関係数は，$r = .604$で有意となった。ジェンダー・ハラスメント作為と不作為は，それぞれ就業女性に対し「してほしい」「してほしくない」といった両極の期待を表す言動でありながら，互いに伴って発生していることが示された。

Table 10-2 各尺度・項目の相関係数

	1	2	3	4	5	6	7	8	9	10
1. 年齢										
2. GH作為頻度	.023									
3. GH不作為頻度	.217**	.604**								
4. GH作為不快感	.242**	.135	.294**							
5. GH不作為不快感	.095	.068	.019	.351**						
6. OPD	−.165*	.213**	.344**	.124	.082					
7. 昇進の意思	−.138	.255**	.122	.130	.378**	.254**				
8. 能力活用の意思	.076	.025	.032	.071	.292**	.217**	.369**			
9. 就業時間	−.292**	.009	−.032	−.113	.001	.025	−.034	.050		
10. 通勤時間	.098	−.263**	−.003	−.012	.028	.101	−.081	.147*	−.001	
11. GHQ	−.140	.134	.323**	.043	−.095	.418**	−.019	−.032	.137	.109

注）GH：ジェンダー・ハラスメント，OPD：過大な職務遂行要求 (overperformance demands)
**：$p<.01$，*：$p<.05$

5. ジェンダー・ハラスメントの影響に関する分析

(1) 就業女性の職務への態度とジェンダー・ハラスメントへの不快感との関係

仮説1A, 1Bを検証するために,年齢,職務への態度(昇進の意思,能力発揮の意思)2項目を独立変数とし,ジェンダー・ハラスメントへの不快感を従属変数とする重回帰モデルを作為,不作為のそれぞれ2つ作成した(Figure 10-2)。

その結果,ジェンダー・ハラスメント作為への不快感を従属変数とする重回帰モデルは有意となり ($F(3, 175)=7.731, p<.01$),説明率 (R^2) は.119であった。各独立変数では,年齢は $\beta=.318$ ($p<.01$),「昇進の意思」は $\beta=.190$ ($p<.05$) となり,「能力発揮の意思」は有意とはならなかった ($\beta=-.021$)。ジェンダー・ハラスメント不作為への不快感を従属変数とする重回帰モデルは有意となり ($F(3, 174)=12.564, p<.01$),説明率 (R^2) は.181となった。各独立変数では,年齢は有意とならず ($\beta=.071$),「昇進の意思」は $\beta=.325$ ($p<.01$) となり,「能力発揮の意思」は $\beta=.173$ ($p<.05$) となった。したがっ

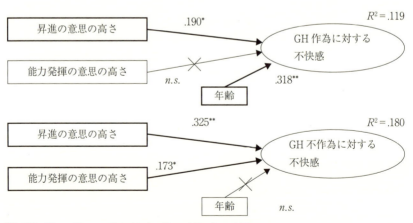

注) GH:ジェンダー・ハラスメント,**:$p<.01$,*:$p<.05$

Figure 10-2 昇進の意思の高さ,能力発揮の意思の高さ,年齢とジェンダー・ハラスメントへの不快感の関係

て，仮説1A（昇進の意思が高い就業者ほど，ジェンダー・ハラスメントを不快に感じるだろう），1B（能力を高めて仕事に活かしたいと考えている就業者ほど，ジェンダー・ハラスメントを不快に感じるだろう）はともにジェンダー・ハラスメント不作為への不快感においては支持され，ジェンダー・ハラスメント作為への不快感において仮説1Aは支持され，1Bは支持されなかったといえる。

6. ジェンダー・ハラスメントが就業女性に及ぼす影響

仮説2，3，4，5を検討するために，Amos17.0を使用し，分析モデルを設定して共分散構造分析による分析を行った。なお，仮説4，5はジェンダー・ハラスメントを受けたときの不快感が質問されたため，ジェンダー・ハラスメント作為を全く受けていないと回答した6件，ジェンダー・ハラスメント不作為を全く受けていないと回答した25件は，これらの分析モデルからは除外された。過大な職務遂行要求及び精神的健康状態に対するジェンダー・ハラスメントの影響について，ジェンダー・ハラスメント作為を独立変数とした因果モデルと，ジェンダー・ハラスメント不作為を独立変数とした因果モデルに分けて検討した（Figure 10-3, 10-4）。

(1) ジェンダー・ハラスメント作為の影響

ジェンダー・ハラスメント作為についての分析モデルでは，モデルの適合性指標はGFI=.917, AGFI=.883, NFI=.887, CFI=.964, RMSEA=.046となった。これらの結果から，設定されたモデルの適合度は許容範囲であるとみなされた。各パスの標準偏回帰係数はFigure 10-3に示されるとおりであった。まず，精神的健康状態への直接的な影響を確認したところ，ジェンダー・ハラスメントから精神的健康状態への直接的なパスは，頻度・不快感ともに有意とならなかった（$\beta=.060$, n.s.; $\beta=-.062$, n.s.）。次に，ジェンダー・ハラスメント作為の及ぼす間接的な影響について確認した。ジェンダー・ハラスメント作為の頻度から過大な職務遂行要求へのパスは有意な傾向を示し（$\beta=.169$, $p<.10$），ジェンダー・ハラスメント不快感から過大な職

務遂行要求へのパスが有意な値を示した（β=.193, p<.05）。さらに，過大な職務遂行要求から精神的健康状態へのパスは有意となり（β=.425, p<.01），ジェンダー・ハラスメントの過大な職務遂行要求を介した精神的健康状態への間接的な影響が確認された。

これらの結果により，仮説2（ジェンダー・ハラスメントを受けた頻度は，過大な職務遂行要求を媒介してジェンダー・ハラスメント被害者の精神的健康状態にネガティブな影響を及ぼすであろう），仮説3（ジェンダー・ハラスメントを受けた頻度が精神的健康に及ぼす影響は，直接的影響よりも間接的影響が大きいだろう）は概ね支持され，仮説4（ジェンダー・ハラスメントを不快であると認知しないほど，女性の精神的健康状態は悪くなるであろう），仮説5（ジェンダー・ハラスメントを不快であると認知するほど，女性の過大な職務遂行要求は低くなるであろう）は支持されなかったといえる。

(2) ジェンダー・ハラスメント不作為の影響

ジェンダー・ハラスメント不作為についての分析モデルでは，モデルの適合性指標は GFI=.894, AGFI=.847, NFI=.890, CFI=.951, RMSEA=.064 となった。これらの結果から，設定されたモデルの適合度はあまり高くはないが許容範囲であるとみなされた。標準偏回帰係数は Figure 10-4 に示すとおりであった。まず，精神的健康状態への直接的な影響を確認したところ，ジェンダー・ハラスメント頻度から精神的健康状態へのパスは有意であり（β=.260, p<.01），および不快感からのパス（β=-.170, p<.05）はともに有意となった。次に，ジェンダー・ハラスメント不作為の及ぼす間接的な影響について確認した。ジェンダー・ハラスメント頻度から過大な職務遂行要求へのパスは有意となり（β=.459, p<.01），ジェンダー・ハラスメント不快感から過大な職務遂行要求へのパスは有意とならなかった（β=.027, n.s.）。過大な職務遂行要求から精神的健康状態へのパスが有意となった（β=.317, p<.01）。

したがって，仮説2（ジェンダー・ハラスメントを受けた頻度は，過大な職務遂行要求を媒介してジェンダー・ハラスメント被害者の精神的健康状態にネガティブな

影響を及ぼすであろう），仮説4（ジェンダー・ハラスメントを不快であると認知しないほど，女性の精神的健康状態は悪くなるであろう）は支持され，仮説3（ジェンダー・ハラスメントを受けた頻度が精神的健康状態に及ぼす影響は，直接的影響よりも間接的影響が大きいだろう），仮説5（ジェンダー・ハラスメントを不快であると認知するほど，女性の過大な職務遂行要求は低くなるであろう）は支持されな

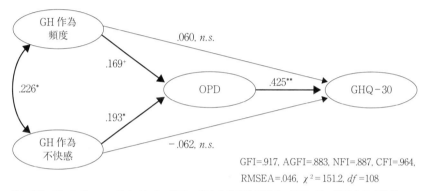

注）GH：ジェンダー・ハラスメント，OPD：過大な職務遂行要求，GHQ-30：精神的健康状態
**：$p<.01$，*：$p<.05$，+：$p<.10$

Figure 10-3　ジェンダー・ハラスメント作為と OPD，GHQ-30 の関係

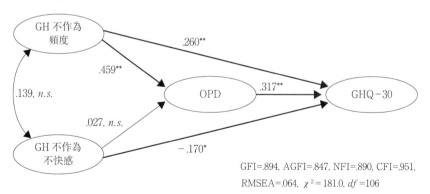

注）GH：ジェンダー・ハラスメント，OPD：過大な職務遂行要求，GHQ-30：精神的健康状態
**：$p<.01$，*：$p<.05$

Figure 10-4　ジェンダー・ハラスメント不作為と OPD，GHQ-30 の関係

かったといえる。

第5節 考　察

1. ジェンダー・ハラスメント測定尺度

　第Ⅱ部では，就業女性の受けるジェンダー・ハラスメントについて，その行為を行う就業者（男性・女性）の自己評定による行為者の視点から検討された。本章では，女性就業者を対象に，ジェンダー・ハラスメントを受けた頻度や不快感の評定を求めた。因子分析の結果，因子負荷量が十分ではなかったGH作為のNo.6を除いて因子分析を行ったところ，第Ⅱ部の因子分析結果と同じ構造が得られた。この結果は，第Ⅱ部で作成されたジェンダー・ハラスメント測定尺度は，行為者・被行為者（能動態・受動態）の違いがあっても，安定した因子構造を有しているといえるだろう。

　ところで，除外されたNo.6は，「婚姻や出産や年齢により，『女の子』『おくさん』『おばさん』『おかあさん』などと女性の呼び方を変えられる」という項目であった。No.6の平均値は2.24，標準偏差は1.262であり，M－SDの得点が取りうる最小範囲を下回ったため，床効果が見られた。これに関しては，社内規則で社員同士の呼称を統一している企業が増えつつあることや比較的理解されやすいハラスメントに分類されるため，その行為が減りつつあることが原因と思われる。

2. ジェンダー・ハラスメントに対する不快感

(1) 職務への態度とジェンダー・ハラスメントへの不快感

　ジェンダー・ハラスメントは，就業女性の職務遂行能力を低く評価する行為である。このため，ジェンダー・ハラスメントを受けたときの不快感は，いわゆる「やる気」の高い女性ほど，高い値を示すことが予想された。そこで，昇進の意思が高い就業者ほど，ジェンダー・ハラスメントを不快に感じ

るだろう（仮説 1A），能力を高めて仕事に活かしたいと考えている就業者ほど，ジェンダー・ハラスメントを不快に感じるだろう（仮説 1B）の 2 つの仮説について検討した。重回帰分析の結果，昇進の意思が高い就業女性は，ジェンダー・ハラスメント作為・ジェンダー・ハラスメント不作為をともに不快に感じることが示された。一方で，能力を高めて仕事に活かしたいと思う就業女性は，ジェンダー・ハラスメント不作為を不快に感じるものの，ジェンダー・ハラスメント作為を不快に感じているとは限らないことも示された。以上の結果から，仮説 1A は，ジェンダー・ハラスメント作為への不快感・ジェンダー・ハラスメント不作為への不快感双方で支持され，仮説 1B は，ジェンダー・ハラスメント不作為への不快感でのみ支持されたといえる。

　重要な役割を期待しないジェンダー・ハラスメント不作為に対しては，昇進の意思が高い就業女性が不快と考えるのは自然なことであろうし，女性特有の職務役割を期待するジェンダー・ハラスメント作為に関しては，これを容認してしまうと結果的に将来の職域を狭める危険性があるため抵抗を感じたのだろう。しかし，能力を高めて仕事に活かしたいと考える就業女性ほど不作為への不快感は強まっても，作為に対する不快感は高まるとは限らないという結果はどのように考えればよいだろうか。おそらくこのことは，自身の能力発揮を望む就業女性は，ジェンダー・ハラスメント作為（すなわち，周縁的な女性特有の職務役割を期待され，それを実行すること）に対して必ずしも抵抗を感じているわけではないということを示唆している。昇進の意思と能力を発揮する意思の相関係数は .369 で，やや弱い相関を示した。このことは，自身の能力を高めて職場に貢献したいと考える就業女性が，必ずしも将来より高い地位に就くことを希望しているとは限らないことを意味し，このことから，多くの就業女性にとって昇進することと自分の能力を発揮することは別のものとして価値が置かれている可能性があると思われる。

(2) **年齢と不快感**

　また，年齢とジェンダー・ハラスメント不作為への不快感では関連が見出されず，年齢が高いほどジェンダー・ハラスメント作為への不快感が高くなることが示された。つまり，職務上の重要な役割を「期待されないこと」に対する不快感は年齢とは関連がない一方で，「職場の花としての役割を期待する」「何かと声を掛け構われる」「女性がいると職場が和む」といった言動（すなわちジェンダー・ハラスメント作為）に対しては，年齢が高いほど不快感が高いことが示された。就業女性に職務遂行上の能力とは無関係の，若さや可愛らしさを持てはやすこのような行為を職場で見聞きすることは，職務経験を積んだベテラン女性にとっては不快であると考えられる。本研究から得られた知見は，今後，職場組織が女性の職務能力の活用を促進するうえで，重要な示唆を与えるであろう。

(3) **作為と不作為の比較**

　また，ジェンダー・ハラスメント作為への不快感とジェンダー・ハラスメント不作為への不快感の比較では，平均的には，就業女性はジェンダー・ハラスメント作為へは不快感は高くなく，ジェンダー・ハラスメント不作為へは高い不快感を持っていることが示された。これらのジェンダー・ハラスメントは，両者とも性別に基づいて相手の役割を固定化しようとするが，この2つが内容的に対照的な形態をとっていることが一因と考えられる。すなわち，ジェンダー・ハラスメント作為は直接的・間接的に女性を評価する内容であるが，ジェンダー・ハラスメント不作為は「期待しない」というハラスメントであって，同僚男性が受ける言動と自身が受ける言動との比較をする中で，職務上の無視といったような，いわゆる「つまはじき」の状態を意味しているからである。

3. ジェンダー・ハラスメントの頻度の影響

　本章では，Parker & Griffin（2002）の因果モデルに依拠しながら，ジェン

ダー・ハラスメントの頻度は，過大な職務遂行要求を媒介してジェンダー・ハラスメント被害者の精神的健康状態にネガティブな影響を及ぼすであろう（仮説2）との仮説を立てた。その結果，ジェンダー・ハラスメント作為の頻度およびジェンダー・ハラスメント不作為の頻度は，過大な職務遂行要求を経由して，精神的健康状態に悪影響を及ぼす傾向が示され，仮説2は概ね支持された。これらの結果は，Parker & Griffin（2002）の結果を支持するものである。そしてこの結果から，男性優位な組織であるイギリスの警察組織と一般的な日本の会社組織とで一致した知見が得られたということである。

　本章の分析結果から，ジェンダー・ハラスメントが間接的に就業女性に影響を及ぼす過程については，次のことが推察される。ジェンダー・ハラスメントを受けた就業女性は，自分の職務能力を低く評価されたと知覚し，認められようと過剰なまでに職務を遂行しようとする（Parker & Griffin, 2002）。しかし，ジェンダー・ハラスメントは，その女性自身の職務遂行能力ではなく性別によって職務内容を固定することであるため，「仕事上の成果を上げても性別が変わらない限り評価は上がらない」といった事態が起こりうる。このため，その女性は報われない努力をし続けることになり，その努力が結果的に精神的健康状態への悪影響に結びつくと考えられる。また，セクシュアル・ハラスメントは，被害女性の職務満足や組織コミットメントに負の影響を与えることが確認されている（たとえば，Gutek & Koss, 1993）。このことからすれば，ジェンダー・ハラスメントは被害者の仕事の能率や職務満足を低下させることが推測できる。しかしながら，本研究の結果はジェンダー・ハラスメントによって被害女性の過剰なまでに職務を遂行しなければならないという知覚を高めており，この結果は，そうした推測とは異なっている。このことは，セクシュアル・ハラスメントが被害女性に及ぼす影響とジェンダー・ハラスメントの及ぼす影響とが異なっていることを示唆しており，注目に値する。

　ジェンダー・ハラスメント頻度から精神的健康状態への直接的なパスは，

Parker & Griffin（2002）では有意ではなかった。本章においても，ジェンダー・ハラスメントを受けた頻度が精神的健康状態に及ぼす影響は，直接的影響よりも間接的影響が大きいだろう（仮説3）との仮説を立てた。しかし，仮説3は，ジェンダー・ハラスメント作為では支持されたが，ジェンダー・ハラスメント不作為においては予想に反して，その頻度が高くなるほど，直接的に精神的健康状態への悪影響を高めた。この原因については，Parker & Griffin（2002）におけるジェンダー・ハラスメントの尺度と本研究で日本版として作成された尺度で項目が異なっていたこと，社会・文化的背景の違い，警察組織と一般的な組織との違いが可能性として挙げられるだろう。日本の組織において，ジェンダー・ハラスメントの頻度が精神的健康状態に及ぼす影響は，それが直接的なものか間接的なものか引き続き検討される必要があるだろう。

4. ジェンダー・ハラスメントへの不快感の影響

前述のとおり，Parker & Griffin（2002）では，ジェンダー・ハラスメントの頻度が間接的に精神的苦痛を高めることが確認されている。小林（2009）ではジェンダー・ハラスメントに対する認知が競争的達成動機に影響を及ぼすことが示されている。本章では，ジェンダー・ハラスメントについて，不快感を測定し検討を行った。その結果，ジェンダー・ハラスメント作為への不快感とジェンダー・ハラスメント不作為への不快感では異なる結果が示された。

まず，仮説5（ジェンダー・ハラスメントを不快であると認知するほど，女性の過大な職務遂行要求は低くなるであろう）では，予想に反して，ジェンダー・ハラスメント作為では不快に感じるほど過大な職務遂行要求を高め，ジェンダー・ハラスメント不作為では，不快感と過大な職務遂行要求の関連は見出されず，支持されなかった。

また，仮説4（ジェンダー・ハラスメントを不快であると認知しないほど，女性

の精神的健康状態は悪くなるであろう）では，ジェンダー・ハラスメント不作為への不快感でのみ支持され，数値は大きくないものの，ジェンダー・ハラスメント不作為に対する不快感が低いほど，精神的健康状態に悪影響が及ぼされるという結果となった。この結果は，就業女性にとっては，重要な役割を期待されないという行為に対して不快と思わないほど精神的なダメージが生じやすいことを意味している。

　これらの結果は，就業女性にとって女性特有の職務役割を期待されることにあまり不快感を持たない方が職場での安寧を保つことができることを示唆している。しかし，女性特有の職務役割を一律に割り当てることに異を唱えないと，補助的・周縁的な職域に押し留まることになり，自身の職域の拡大とキャリア形成の際の障壁となるだろう。また，一人ひとりの女性たちが不快感を持たないことが，組織レベルでの古典的な性役割を承認・強化することにつながり，ジェンダー・ハラスメントを容認する組織風土を形成しかねない。そしてこのような風潮が，女性同士のジェンダー・ハラスメントを産む土壌となっている可能性もあるだろう。

　一方で，影響力はあまり大きくはないが，基幹的役割を期待されないということに対しては不快感を持った方が精神的健康状態をよりよく保てることが示された。しかし，不快感を持った方が安寧を保てるという結果も一考を要する。なぜなら，ジェンダー・ハラスメントの加害者は，日頃協力して職務を遂行している同僚であり，仕事を評価し指導する上司であるため，就業女性がこのような上司や同僚が行うジェンダー・ハラスメントに対して常に不快感を抱きながら働くことは，大変な精神的負担になると推測されるからである。ジェンダー・ハラスメント不作為に対して不快感の高い女性は，昇進の意思・能力発揮の意思が高かった。そのような女性は，ジェンダー・ハラスメントの蔓延する職場で長期間に亘り就業を継続することは困難を伴い，将来的に離職に結びつく可能性も考えられるだろう。

　ところで，ジェンダー・ハラスメント作為およびジェンダー・ハラスメン

ト不作為に不快感を持たなかったのは，いずれも将来昇進することを望んでいない女性であった。このような就業女性は，ジェンダー・ハラスメントを受け続けることで将来どのような精神的健康状態になるだろうか。本研究の分析結果が示すところでは，年齢が高いほどジェンダー・ハラスメント作為への不快感が高く，それが高いほど精神的健康状態は悪化した。また，ジェンダー・ハラスメント不作為への不快感は低いほど，ジェンダー・ハラスメント不作為の頻度は高いほど精神的健康状態は悪影響を受けやすく，ジェンダー・ハラスメント不作為の頻度は，年齢が高いほど高いことが示された。これらの分析結果を総合すると，基幹的役割を期待されず周縁的な役割を期待されることに不快感を持たない女性にとっても，長期に亘る就労継続は厳しいものである可能性が示唆される。一般的に，就業者は長く勤め職務に熟達していくほど，他者から承認され組織の中核的役割を担うようになると理解されるが，女性にはそうした傾向が当てはまらない上，かえって組織に居づらくなるような職務環境に身を置かなければならなくなっていくと推察される。ただし，就業女性の年齢の違いによる影響の差異は，経年による変化のほかに，離職等に伴う集団自体の質的変化が原因である可能性がある。年齢が高まることにより，不快感と精神的健康状態がどのように変化していくかということについては，慎重な解釈が求められるだろう。

　以上見てきたように，ジェンダー・ハラスメントに対して不快感を持っている女性も，持っていない女性も，ジェンダー・ハラスメントを受けながら就業を継続することには，長期的には大変な困難が伴うと言わざるをえない。

5. 本研究の限界と今後の課題

　本研究の限界と今後の課題について以下の点が挙げられる。まず，ジェンダー・ハラスメントが精神的健康状態に悪影響を及ぼすといった結果は，作為・不作為で共通していたが，各々の及ぼす影響の仕方が異なっていた点である。ジェンダー・ハラスメント作為では精神的健康状態への直接的影響は

確認されず，不快感では過大な職務遂行要求を経由した間接効果が確認され，頻度においても（有意な傾向に留まったが）同様な間接効果が示唆された。一方，ジェンダー・ハラスメント不作為では頻度，不快感ともに精神的健康状態への直接的な影響を持っており，頻度のみ間接効果が確認された。ジェンダー・ハラスメントの及ぼす影響は直接的か間接的か，そしてそれは頻度が原因なのか不快感なのかということについては分析結果からだけでは断言できず，ジェンダー・ハラスメント作為と不作為の違いについて，引き続き検討される必要があるだろう。

次に，調査により得られたデータは，いずれも質問紙調査に基づくものであった点が挙げられる。測定上の困難や倫理上の問題はあるものの，今後はジェンダー・ハラスメントからの精神的健康状態への影響が，欠勤の回数や離職行動などの何らかの客観的指標との関連により明らかにされることが望ましいだろう。

最後に，今回実施された調査はジェンダー・ハラスメントを就業女性個人の問題として捉え，彼女たちの精神的健康状態への影響が検討された。今後は組織の経営的観点から，就業女性の職務行動に及ぼす影響についても検討される必要があるだろう。

第6節　まとめ

本章において，ジェンダー・ハラスメントは就業女性の精神的健康に悪影響を及ぼすことが確認された。

一方で，ジェンダー・ハラスメントの2つの下位尺度では，影響の及ぼす原因が異なっていた。ジェンダー・ハラスメント作為では頻度が高いほど，不快感が高いほど影響を及ぼすのに対し，不作為では頻度が高いほど，不快感が低いほど影響を与えていた。これらの結果を総合すると，ジェンダー・ハラスメントは就業女性に精神的悪影響を及ぼすものであること，そしてそ

の悪影響はジェンダー・ハラスメントに対して不快感を持たなかったとしても及ぼされるということである。

　ところで，ジェンダー・ハラスメントの個々の行為については，それをハラスメントと捉えるかどうかには個人差がある。例えば，小林（2009）の調査では，ジェンダー・ハラスメントを行為者の偏見に基づいた行為であり不快なものであると思うと回答した就業女性が17.2%であったのに対し，そう思わないと回答した就業女性は23.0%存在していた。「いくつかについてはそう思うが，そう思わないものもある」と回答した就業女性は59.8%であった（小林，2009）。ジェンダー・ハラスメントは，多くの女性にとって「ハラスメント」として認識されていないのかもしれない。そしてこのことは，ジェンダー・ハラスメントという言葉の意味が性役割に関する「嫌がらせ」であって，「嫌がらせ」という言葉が相手の不快感を暗黙のうちに前提としているということと一見矛盾する。

　しかし，本章において，ジェンダー・ハラスメントが就業女性の精神的健康に悪影響を及ぼすことが確認され，特にジェンダー・ハラスメント不作為が及ぼす負の影響は，就業女性が不快であることを認識しないほど高まることが示された。すなわち，ジェンダー・ハラスメントは就業女性自身からもハラスメントとして認識されていない可能性のある，無自覚なストレッサーであるといえるだろう。そしてこのことは，本書で概念化され，定義されたジェンダー・ハラスメントの内容が，「ハラスメント」に分類され，「ハラスメント」と命名されるに十分な理由となることを示すだろう。

第11章 ジェンダー・ハラスメントが就業女性の職務関連行動に及ぼす影響

第1節 序　論

　第10章においては，ジェンダー・ハラスメントが就業女性の精神的健康に悪影響を及ぼすことが確認された。このことは，人的資源管理の観点からは，ジェンダー・ハラスメントはマイナスの影響を持つということを意味している。それでは，組織の経営的側面からは，ジェンダー・ハラスメントはどのように位置づけられるべきであろうか。

第2節 目　的

　本章では，ジェンダー・ハラスメントが就業女性の組織内における職務関連行動に与える直接的影響を検討する。ジェンダー・ハラスメントに影響を及ぼすものとして，組織市民行動とそれとは対照的な行為である怠業に属する職務行動を中心に検討する。

1. 日本の組織の中の就業女性に見られる職務関連行動

　小笠原（1998）によると，日本企業の会社員は，性により二分化して扱われている。女性社員，いわゆるOLは，男性と比較して昇進の機会が極端に限られ，平均賃金ははるかに低く，補助的で責任のない事務を反復して行う場合が多い。このような差別的待遇から，OLは男性同様の義務を負うことを放棄し，故意に仕事を遅らせるなどの抵抗行動をとると述べている。中野

(2008)は，弁護士として多くの女性の労働問題に関する相談を受ける中で，就業女性の離職理由の圧倒的多数は，職場のセクシュアル・ハラスメントや差別的待遇であろうと推測し，また，就業女性は働き続けるために「差別される分だけ働かない」と気持ちを切り替えて働いていると述べている。これらの記述は，いずれも就業女性が職務上の性別による差別的な待遇から不公正を知覚し，それによって職務遂行上の一種の抵抗的行動をとることを示しているだろう。

このような抵抗行動の生じる過程は，Adams (1965) の衡平理論により説明可能である。Adams (1965) は，自己の仕事量や投入（input）と報酬や結果（output）の比が他者と等しい場合を衡平，等しくない場合を不衡平と呼び，不衡平であるほどそれを解消する方向に人は動機づけられると考えた。これを本研究で検討しているジェンダー・ハラスメントと就業女性の状況に当てはめると，就業女性は，自身の仕事の手を抜くことによって職場に存在する不公平感の解消を試みていると解釈される。

そして，就業女性による抵抗行動については，もうひとつの理由が考えられる。小笠原（1998）の記述では，「OL」たちは補助的で責任のない仕事を反復しているが，そうであるからといって，その仕事がその職場において不要なものということではない。外出中の就業男性へ顧客からの伝言メモを残したり，資料をコピーして会議資料をそろえたりするような，庶務的，周縁的な職務内容であったとしても，それはその職場にあってはならない必要な職務のひとつである。就業女性は，職場における自分の価値を低く評価するものであるジェンダー・ハラスメントを受けると，その仕事が職場になくてはならない，価値あるものであることをアピールするために，わざと仕事をゆっくり大げさに行うといった怠業的な調整行動に出るだろう。すなわち，就業女性は自分に与えられた仕事が組織にとってなくてはならないものだと気づかせることにより自身の役割の価値を高めるために，遂行すべき周縁的な仕事をもったいぶって大袈裟に行うという，一見怠業的な行為を

行うことが考えられるのである。そしてこれにより，就業男性と比較し相対的に低く評価されている自分の役割の重要性を他者から高く認識させようとするのではないだろうか。

　もう一つの理由として，職務ストレスと怠業との間に関連が確認されている（Chen & Spector, 1992 ; Spector & Fox, 2002）ことが，ストレスに関する研究の観点から挙げられるだろう。第10章において，ジェンダー・ハラスメントとストレス反応との関連が確認されたが，Chang, Johnson, & Yang（2007）は，就業者が感情的ストレス反応を経験するとき，有害な状況に対処するためにすべての活動から退き，引きこもるのではないかと述べている。

　以上のことから，次の仮説を検証する。

　仮説1．ジェンダー・ハラスメントを受ける頻度が高い回答者ほど怠業的
　　　　　調整行動を起こしやすいだろう。

　次に，ジェンダー・ハラスメントと就業女性の対人的公正感[15]について検討する。公正感とセクシュアル・ハラスメントの関係を検討した論文では，Hogler, Frame, & Thornton（2002）は，従業員の組織の公正に対する知覚とセクシュアル・ハラスメントに対する訴訟の起きる頻度は相関関係にあることを指摘している。また，Krings & Facchin（2009）は，組織的公正への男性の知覚とセクシュアル・ハラスメントへの傾向の関係について検討した。その結果，対人的公正が低いと感じている回答者は，セクシュアル・ハラスメント行為を行いやすいことが示された。しかしこれらはいずれも，行為者が不公正を知覚した場合のセクシュアル・ハラスメントの行いやすさを示したものであり，被害者の公正への知覚に関する論文は見当たらなかった。しかし，セクシュアル・ハラスメントを受けた就業女性は，セクシュアル・ハラスメントを放置し容認する組織や上司に対して不公正感を持つということが推測できるだろう。そこで，次の仮説を検証する。

15　ある個人が他の個人からどのくらい尊重や尊敬を持って処遇されたかについての知覚。

仮説2．ジェンダー・ハラスメントを受ける頻度が高い回答者ほど，対人的公正感を低く評定するだろう。

次に，正式な職務ではないが，組織のために従業員が自発的に行う組織市民行動について，ジェンダー・ハラスメントとの関連性を検討する。組織市民行動とは，従業員が行う任意の行動のうち，彼らにとって正式な職務の必要条件ではない行動で，それによって職務の効果的機能を促進する行動である（Organ, Podsakoff, & MacKenzie, 2006 上田訳 2007）。セクシュアル・ハラスメントが組織市民行動に与える影響に関する Raver & Gerfand（2005）の研究では，セクシュアル・ハラスメントとチームや組織レベルでの成果について検討がなされた。その結果，セクシュアル・ハラスメントとチーム内の葛藤と負の関連が見出されたが，チームへの組織市民行動とセクシュアル・ハラスメントの関連は有意な値とはならなかった。しかし，Chang et al.（2007）によるストレス反応と組織市民行動との関係に関する研究をメタ分析した結果から，ストレス反応と組織市民行動に負の相関関係が確認されている。これについて Chang et al.（2007）は，就業者が感情的ストレス反応を経験するとき，有害な状況に対処するためにすべての職務活動から引きこもるのではないかと述べている。

一般的には，組織市民行動を促進するのは，職務満足や公正感といったようなポジティブな感情であり，逆にネガティブな感情や状況は，組織市民行動を抑制すると理解されるだろう。しかし，先に提示したセクシュアル・ハラスメントでは，組織市民行動との負の関係が確認されず，ストレス反応とは負の関係が確認されている。本章で検討されるジェンダー・ハラスメントがセクシュアル・ハラスメントから独立した就業女性特有のストレッサーとして捉えられるべきものなら，組織市民行動との関係は，従来の研究の知見と必ずしも一致しないだろう。

そこで本章では，日本の組織で働く女性に関する記述をもとに，ジェンダー・ハラスメントと組織市民行動の関係について，次の推論を立てること

とした。

　日本の就業女性は，性別によって職務役割が限定されがちな差別的状況の中にあり，その役割は，男性の職務役割と比較して「重要でない」と見なされがちである（たとえば，中野，2008；熊沢，2000）。ジェンダー・ハラスメントは就業女性の職場での価値を低く評価するものであるため，就業女性がジェンダー・ハラスメントを受けると，より高い評価を得ようとするだろう。しかし，就業女性は，職場での自身の評価を高めようと正式に与えられた職務の範囲で努力したとしても，それはもともと組織の中では相対的に「重要でない」とみなされる役割のため，上司や周囲の評価につながりにくい。そこで，「重要でない」とされている正式な職務においては，「怠業的調整行動」を行うことで，役割そのものの価値を高めようとし（仮説1），一方，就業女性は自発的に組織のために行われる任意の行動（＝組織市民行動）に勤しむことで，自身の職場での価値を高めようとすることが考えられる。そこで，次の仮説が導かれる。

　仮説3．ジェンダー・ハラスメントを受ける頻度が高い回答者ほど，組織市民行動を行いやすいだろう。

　対人的公正感が高いほど組織市民行動が高いことがMoorman（1991）により確認されている。一方，対人的公正感が低いと従業員の窃盗が生じやすくなることがGreenberg（1993）により確認されている。また，Skarlicki, Folger, & Tesluk（1999）において，組織に対する従業員の報復行動は対人的公正が欠如していると感じられるほど起こりやすいことが示されている。

　このため，次の仮説を検証する。

　仮説4．対人的公正感の高い回答者ほど，組織市民行動を行いやすいだろう。

　仮説5．対人的公正感の低い回答者ほど，怠業的調整行動を起こしやすいだろう。

第3節 方　法

1. 調査の実施方法

　調査は，2009年8月に調査会社への委託によるweb調査により実施された。まず，調査会社がそこに登録されている女性約24万人のうち，会社員，会社役員などの今回の調査対象となる就業女性約6万人について無作為に1500人抽出し，アンケートの案内を送付した。1500人中，回収された回答は551人であった。そのうち女性と登録しているのに男性と判明した人，会社員と登録しているのに，主婦，学生など，対象外であった人，すべての回答がほとんど「1」と回答しているように回答が不真面目といった不良回答を除き，最終的に500人の回答が本調査における調査対象とされた。

2. 主な調査項目

(1) **ジェンダー・ハラスメント測定尺度**

　第7章で開発され，第10章により各項目を受動態に置き換えられた尺度を使用する。これについて，1「全くなかった」から5「頻繁にあった」の5段階で評定された。

(2) **組織市民行動（組織支援行動，清潔さ）**

　「組織支援行動」および「清潔さ」は，田中（2004）により邦訳された日本版組織市民行動の下位尺度である。本研究においては，日本の就業女性が行いやすい行動として田中（2004）により確認されている組織支援行動および清潔さについて検討する。組織支援行動は，「上司の仕事であっても進んで対応する」「他の部署を尋ねてきた訪問者の対応をする」などの8項目から構成される。「清潔さ」は，「職場では机はいつもきれいにし，汚さないように努める」「職場では自分の身の回りをきれいに掃除する」などの3項目により構成されている。これらについて，1「全くなかった」から5「頻繁

(3) 怠業的調整行動

　田中（2008）が過去の研究で用いられた怠業行為の測定尺度を回顧した内容を参考にしながら，小笠原（1998）の事例をもとに，著者が怠業的調整行動に関する項目を選定した。これについては，「急ぎの仕事であっても，意図的にゆっくりと行う」「同僚のミスに気づいても，故意に教えないで黙っている」「仕事の依頼がきたとき，可能なことでも『できない』と言う」「同僚に宛てたメッセージを受け取っても，わざと直ぐには伝えない」の4項目で構成される。これらについて，1「全くなかった」から5「頻繁にあった」の5段階で評定を求めた。

(4) 対人的公正

　対人的公正に関する項目は，田中・林・大渕（1998）により作成された尺度を使用した。この尺度は，回答者の上司が行う様々な職務上の意思決定や判断，さらには上司の回答者に対する対処のしかたがどれくらい公平かどうかについて問う項目である（田中他, 1998）。使用された対人的公正は，「私の上司は，ある決定をしたりそれを実行する際，私にも納得できるように説明しようと努める」「私の上司は，私のことを親身になって考えてくれる」などの7項目で構成される。これについて，1「全くそう思わない」から5「非常にそう思う」の5段階で評定を求めた。

第4節　結　果

1. 調査協力者の属性

　調査協力者の年齢は，22歳から62歳であった。平均年齢36.77歳，標準偏差は，8.69であった。勤続年数は0年から40年で，平均は，8.69年，標準偏差は7.40であった。職業は，会社員435人（87.0%），会社経営者・役員8人（1.6%），公務員30人（6.0%），団体職員・各種法人27人（5.4%）であっ

た。役職は，一般社員 378 人（75.6%），主任 64 人（12.8%），係長 23 人（4.6%），課長・課長補佐 14 人（2.8%），次長 3 人（0.6%），部長 9 人（1.8%），取締役役員 9 人（1.8%）であった。最終学歴は，高校卒 97 人（19.4%），高専・専門学校卒 69 人（13.8%），短期大学卒 108 人（21.6%），大学卒 207 人（41.4%），大学院修了 19 人（3.8%）であった。

2. ジェンダー・ハラスメントの項目の回答結果

ジェンダー・ハラスメント尺度の各項目に対する回答の割合を Figure 11-1 に示した。「全くない」「ほとんどない」と回答した割合が最も少なかった項目は，「お茶くみや雑用をする役割を期待される」「男性と比べ庶務的な細かい仕事を割り当てられる」であった。

3. ジェンダー・ハラスメント測定尺度の因子分析

ジェンダー・ハラスメント測定尺度に関して，固有値≧1.0 の基準を設け，主因子法による因子分析・バリマックス回転を行った。さらに，因子負荷量が 4.0 に満たなかった No.6 の 1 項目を除いて再度因子分析を行った。その結果，Table 11-1 に示すように，第 10 章の研究結果とほぼ同じ構造（ジェンダー・ハラスメント作為・ジェンダー・ハラスメント不作為）が得られた。ジェンダー・ハラスメント尺度の信頼性を確認するために α 係数を求めたところ，ジェンダー・ハラスメント作為で .848，不作為で .928 と十分な値を示し，内的一貫性が確認された。

4. ジェンダー・ハラスメントを受ける頻度と個人要因

(1) 年齢および勤続年数

ジェンダー・ハラスメント作為に対する年齢，および勤続年数の相関係数を算出したところ，年齢では負の関連が確認され（$r = -.109$, $p < .05$），勤続年数では無相関（$r = -.019$）となった。

第 11 章 ジェンダー・ハラスメントが就業女性の職務関連行動に及ぼす影響   123

Figure 11-1 ジェンダー・ハラスメント測定尺度の各項目に対する回答の割合

Table 11-1 ジェンダー・ハラスメント測定尺度の因子分析結果
(バリマックス回転後の因子負荷量)

	GH 不作為	GH 作為	共通性
9. 女性はリーダーに向かないという理由から,指導的役割を期待されない	**.857**	.234	.789
8. 重要な仕事や交渉事は女性には無理という理由から,期待されない	**.845**	.269	.786
10. 女性は研修や仕事の機会が限られるのは,当然だと言われる	**.843**	.244	.770
11. 同じくらいの年数・地位の男性よりも,低く扱われる	**.741**	.282	.629
12. 反論や批判をしたとき,女性だから感情的なのだと捉えられる	**.732**	.260	.604
13. いざというときに当てにならないお荷物的存在だと言われる	**.727**	.196	.566
3. 職場の花としての役割を期待される	.178	**.851**	.756
5. 女性がいると職場が和むと言われる	.167	**.755**	.598
7. 何かと声を掛けられ,構われる	.168	**.610**	.401
4. 男性と比べ,庶務的な細かい仕事を割り当てられる	.454	**.581**	.543
2. 仕事を評価するとき,女性の特性を強調される	.463	**.539**	.505
1. お茶くみや雑用をする役割を期待される	.412	**.448**	.370
因子寄与率(%)	37.079	23.904	60.984

注) GH:ジェンダー・ハラスメント

　ジェンダー・ハラスメント不作為に対する年齢,および勤続年数との相関係数を算出したところ,年齢では無相関 ($r = .083$) となり,勤続年数では正の関連が確認された ($r = .109, p < .05$)。

(2) **学歴**

　学歴(高卒,高専/専門学校卒,短大卒,大卒,大学院修了)について比較するために,一元配置の分散分析を行ったところ,ジェンダー・ハラスメント作為では有意な差は確認されなかった ($F(4, 499) = 1.938, n.s.$)。

Table 11-2 学歴別にみたジェンダー・ハラスメント測定尺度得点の平均値と標準偏差

	高卒	高専／専門学校卒	短大卒	大卒	大学院修了
GH作為	16.93 (.576)	14.67 (.667)	16.31 (.547)	16.57 (.395)	17.16 (1.404)
GH不作為	14.87 (.628)△	11.90 (.685)▼	12.69 (.553)	13.35 (.422)	12.37 (1.660)
N	97	69	108	207	19

注）GH：ジェンダー・ハラスメント，（　）内の数値は標準偏差．
　　△▼：有意な差が確認された箇所を△（高い）と▼（低い）で示した．

ジェンダー・ハラスメント不作為についての一元配置の分散分析の結果は，有意な差が確認された（$F(4, 499)=2.959, p<.05$）。そこで多重比較を行った結果，高卒が高専／専門学校卒よりも有意に高い値を示した。

学歴別にみたジェンダー・ハラスメント尺度得点の平均値と標準偏差をTable 11-2 に示す。

5. 各変数間の相関係数及び各尺度の信頼性係数，基本統計量

各変数間の相関係数及び各尺度の信頼性係数を Table 11-3 に示す。ジェンダー・ハラスメント作為と不作為の相関係数は，$r=.614$ であった。ジェンダー・ハラスメント作為と不作為は，それぞれ就業女性に対し「してほしい」「してほしくない」といった両極の期待を表す行為でありながら，互いに伴って発生することが確認された。

(1) ジェンダー・ハラスメント

ジェンダー・ハラスメント作為および不作為の各得点1〜5点の合計点を尺度得点とした。得点範囲6〜30点に対し，ジェンダー・ハラスメント作為の平均値は16.37点，標準偏差は5.70であった。ジェンダー・ハラスメント不作為の平均値は13.27点，標準偏差は6.07であった。ジェンダー・ハラスメント尺度の信頼性を確認するためにα係数を求めたところ，ジェンダー・ハラスメント作為で.848，不作為で.928と十分な値を示し，内的一

貫性が確認された。

(2) 怠業的調整行動

怠業的調整行動4項目の各得点1～5点の合計点を尺度得点とした。得点範囲4～20点に対し，平均値は6.68であり，標準偏差は2.58となった。怠業的調整行動のα係数は.812と十分な値を示し，内的一貫性が確認された。

(3) 組織市民行動

組織支援行動8項目の各得点1～5点の合計点を尺度得点とした。得点範囲8～40点に対し，平均値は19.07，標準偏差は6.20となった。組織支援行動のα係数は.841となり，内的一貫性が確認された。同様に，清潔さ3項目の各得点1点～5点の合計点を尺度得点とした。得点範囲3～15点に対し，平均値は11.05，標準偏差は3.02となった。清潔さのα係数は.878となり，内的一貫性が確認された。

(4) 対人的公正

対人的公正7項目のうちの逆転項目については得点が高くなるほど公正と見なされるように数値を逆転し，各得点1～5点の合計点を尺度得点とした。得点範囲7～35点に対し，平均値は21.95であり，標準偏差は5.78となった。対人的公正のα係数は.865となり，内的一貫性が確認された。

Table 11-3　各変数間の相関係数及び各尺度の信頼性係数

	1	2	3	4	5	6	7	8
1．年齢								
2．勤続年数	.569**							
3．GH作為	−.109*	−.019	(.848)					
4．GH不作為	.083	.109*	.614**	(.928)				
5．組織支援行動	.009	.075	.381**	.235**	(.841)			
6．清潔さ	−.012	−.032	.262**	.098*	.403**	(.878)		
7．怠業的調整行動	−.069	−.052	.126**	.208**	.012	−.233**	(.812)	
8．対人的公正	.017	.003	−.183**	−.329**	.117**	.158**	−.141**	(.865)

注）GH：ジェンダー・ハラスメント，**：$p<.01$，*：$p<.05$

6. ジェンダー・ハラスメントが職務関連行動に及ぼす影響に関する分析

仮説1から仮説5を検証するために，Amos17.0を使用し，分析モデルを設定して共分散構造分析による分析を行った。組織市民行動および怠業的調整行動に対するジェンダー・ハラスメントの影響について，ジェンダー・ハラスメント作為を独立変数とした因果モデルと，ジェンダー・ハラスメント不作為を独立変数とした因果モデルに分けて検討した。結果を Figure 11-2 から 11-5 に示す。

(1) ジェンダー・ハラスメントが怠業的調整行動に及ぼす影響

ジェンダー・ハラスメント作為を独立変数，怠業的調整行動を従属変数としたモデルの適合性指標は，GFI=.960，AGFI=.939，NFI=.959，CFI=.982，RMSEA=.039 となり，モデルに対するデータのあてはまりはよいと判断された。各標準化係数は，ジェンダー・ハラスメント作為から怠業的調整行動へのパスが有意（$\beta=.156, p<.01$）となり，ジェンダー・ハラスメント作為から対人的公正感へのパスは有意とならず（$\beta=-.064, n.s.$），対人的公正感から怠業的調整行動へのパスは有意（$\beta=-.135, p<.01$）となった。

ジェンダー・ハラスメント不作為を独立変数，怠業的調整行動を従属変数としたモデルの適合性指標は，GFI=.965，AGFI=.945，NFI=.972，CFI=.989，RMSEA=.035 となり，モデルに対するデータのあてはまりがよいと判断された。各標準化係数は，ジェンダー・ハラスメント不作為から怠業的調整行動へのパスが有意（$\beta=.224, p<.01$）となり，ジェンダー・ハラスメント不作為から対人的公正感へのパスは有意（$\beta=-.309, p<.01$）となり，対人的公正感から怠業的調整行動へのパスは有意とならなかった（$\beta=-.076, n.s.$）。

これらの結果から，仮説1（ジェンダー・ハラスメントを受ける頻度が高い回答者ほど怠業的調整行動を起こしやすいだろう）は支持され，仮説2（ジェンダー・ハラスメントを受ける頻度が高い回答者ほど，対人的公正感を低く評定するだろう）はジェンダー・ハラスメント作為では支持されず，不作為で支持された。仮説5（対人的公正感の低い回答者ほど，怠業的調整行動を起こしやすいだろう）は作

128　第Ⅲ部　ジェンダー・ハラスメントが就業女性に及ぼす影響

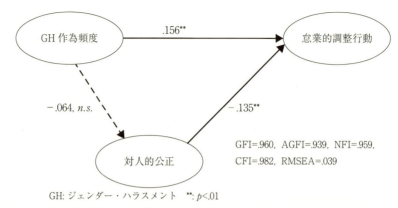

Figure 11-2　ジェンダー・ハラスメント作為，対人的公正，怠業的調整行動の分析結果

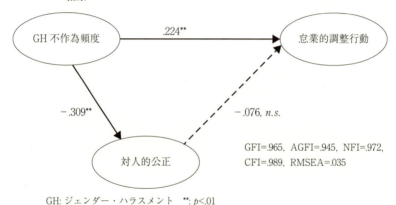

Figure 11-3　ジェンダー・ハラスメント不作為，対人的公正，怠業的調整行動の分析結果

為では支持され，不作為では支持されなかったといえる。

(2) **ジェンダー・ハラスメントが組織市民行動に及ぼす影響**

　ジェンダー・ハラスメント作為を独立変数，組織市民行動を従属変数としたモデルの適合性指標は，GFI=.906, AGFI=.871, NFI=.903, CFI=.934, RMSEA=.061 となり，モデルに対するデータのあてはまり具合は許容範囲

第11章 ジェンダー・ハラスメントが就業女性の職務関連行動に及ぼす影響　129

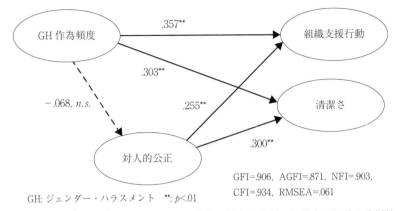

Figure 11-4　ジェンダー・ハラスメント作為，対人的公正，組織市民行動の分析結果

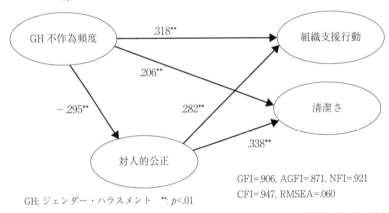

Figure 11-5　ジェンダー・ハラスメント不作為，対人的公正，組織市民行動の分析結果

と判断された。各標準化係数は，ジェンダー・ハラスメント作為から組織支援行動，清潔さへのパスがそれぞれ有意（$\beta=.357, p<.01$；$\beta=.303, p<.01$）となり，ジェンダー・ハラスメント作為から対人的公正感へのパスは有意とならず（$\beta=-.068, n.s.$），対人的公正感から組織支援行動，清潔さへのパスはそれぞれ有意（$\beta=.255, p<.01$；$\beta=.300, p<.01$）となった。

ジェンダー・ハラスメント不作為を独立変数，組織市民行動を従属変数としたモデルの適合性指標は，GFI=.906, AGFI=.871, NFI=.921, CFI=.947, RMSEA=.060となり，モデルに対するデータのあてはまり具合は許容範囲と判断された。各標準化係数は，ジェンダー・ハラスメント不作為から組織支援行動，清潔さへのパスがそれぞれ有意（$\beta=.318, p<.01 ; \beta=.206, p<.01$）となり，ジェンダー・ハラスメント不作為から対人的公正感へのパスは有意（$\beta=-.295, p<.01$）となり，対人的公正感から組織支援行動，清潔さへのパスは有意（$\beta=.282, p<.01 ; \beta=.338, p<.01$）となった。

これらの結果から，仮説2（ジェンダー・ハラスメントを受ける頻度が高い回答者ほど，対人的公正感を低く評定するだろう）はジェンダー・ハラスメント作為では支持されず，不作為で支持された。さらに仮説3（ジェンダー・ハラスメントを受ける頻度が高いと，組織市民行動を行いやすいだろう），仮説4（対人的公正感の高い回答者ほど，組織市民行動を行いやすいだろう）は作為・不作為共に支持されたといえる。

第5節　考　察

本章では，ジェンダー・ハラスメントが就業女性の組織内における職務関連行動に与える直接的影響について，組織市民行動およびそれと対照的な行為である怠業に属する職務行動を中心に検討した。

1. ジェンダー・ハラスメントを受ける頻度と個人要因

ジェンダー・ハラスメントを受ける頻度と個人的要因について調べるために，年齢，勤続年数，学歴によるジェンダー・ハラスメント尺度得点の比較を行った。分析の結果，ジェンダー・ハラスメント作為では，勤続年数や学歴に関係なく，年齢の低い就業女性がジェンダー・ハラスメントを受ける頻度が高いことが示された。ジェンダー・ハラスメント不作為では，年齢は関

連がなく，勤続年数が高い就業女性がそれを受ける頻度が高いことが示された。これらの結果は，就業女性は若いうちは職場の花としてちやほやされるものの，年齢が高まるとともにそうした傾向は減少し，勤続年数が高まるほど職場で重要な役割を期待されないといった行為を受ける頻度が高まっていくことを示唆している。

学歴別のジェンダー・ハラスメント尺度得点については，ジェンダー・ハラスメント作為では差は見られなかった。また，ジェンダー・ハラスメント不作為についても，高卒が高専／専門学校卒に比べて有意に高い値を示した結果以外は，どの組み合わせでも差は見られなかった。

以上の結果から，女性は年齢が若いうちは女性特有の役割を期待され，勤続年数が長くなるほど重要な職務は期待されなくなることを示している。また，一般的に組織においては重要とされている学歴といった個人要因が，女性ではほとんど考慮されていないことを示している。これらの分析結果は，日本の組織は，女性が長く勤められる環境が整っていないという実態を表している。

2. ジェンダー・ハラスメントが怠業的調整行動と組織市民行動に及ぼす影響

ジェンダー・ハラスメントを受ける頻度と職務関連行動との関係を検討するために分析を行った結果，ジェンダー・ハラスメントを受ける頻度が高いほど，怠業的調整行動を行う頻度が高まるとともに，組織市民行動を行う頻度も高まることが示された。

日本の多くの就業女性は，性別により職務役割が限定されており，就業女性の職務役割は多くの場合，男性の職務役割と比較して「重要でない」と見なされている（熊沢，2000；小笠原，1998）。したがって，就業女性は自分の職場での評価を高めようと正式な職務の範囲で努力したとしても，それはもともと「重要でない」役割のため，上司や周囲の評価につながりにくい。そこ

で，組織のために任意で行う正式でない役割（＝組織市民行動）に勤しむことで，評価を得ようとするのかもしれない。一方で，「重要でない」とされている正式な職務においては，「怠業的調整行動」を行うことで，役割そのものの価値を高めようとするだろう。しかし，職場での自分の役割の価値を高めるために，一見すると相反するようなこれらの行動を同時に行っている状況を維持することは，大きなジレンマに陥るだろう。また，職務を大げさに行うことにより職務役割の価値を高めようとすることは，他者から職務遂行能力が低いと評価されかねず，その意味ではこのような行為は就業女性にとって危険な賭けとなるだろう。今後は，怠業的調整行動を高め，同時に組織市民行動の頻度も高めている就業女性は，精神的・身体的健康状態にどのような影響が及ぼされているか調査される必要があるだろう。

　さらに，組織市民行動は肯定的な側面ばかりではなく，同時に否定的な側面も併せ持つことが指摘されている（田中，2004）。つまり，組織市民行動に精を出すあまり，本来の職務がおろそかになることが危惧されることである。ジェンダー・ハラスメントを受ける就業女性は，組織市民行動（組織支援行動，清潔さ）の頻度を高め，怠業的調整行動の頻度を高めていたという本章の結果は，田中（2004）により指摘された組織市民行動の負の側面の現れのひとつかもしれない。

3. ジェンダー・ハラスメントが対人的公正感に及ぼす影響

　対人的公正に関する項目は，回答者の上司が行う職務上の判断や回答者に対する対処のしかたがどれくらい公平かどうかについて問う項目であるため，ジェンダー・ハラスメントを受けた就業女性は，ジェンダー・ハラスメントを放置し容認する組織や上司に対して不公正感を持つということが推測された。しかし，ジェンダー・ハラスメントを受ける頻度が高い回答者ほど，対人的公正感を低く評定するだろうという仮説はジェンダー・ハラスメント不作為では支持されたが，作為で支持されなかった。これは，ジェンダー・ハ

ラスメント作為を行う就業者を放置する上司に対しては，就業女性は必ずしも不公正感を持っていないことを意味し，さらに就業女性はこの行為に対して不満を持つとは限らない可能性も示唆している。このように，対人的公正への影響がジェンダー・ハラスメント作為とジェンダー・ハラスメント不作為で異なる理由については，さらに検討される余地があるだろう。

4. 対人的公正感が怠業的調整行動および組織市民行動に及ぼす影響

仮説4（対人的公正感の高い回答者ほど，組織市民行動を行いやすいだろう）については，ジェンダー・ハラスメント作為およびジェンダー・ハラスメント不作為で支持された。これらの結果は，対人的公正の高さが組織市民行動を高めるという，Moorman（1991）の結果を支持している。

仮説5（対人的公正感の低い回答者ほど，怠業的調整行動を起こしやすいだろう）については，ジェンダー・ハラスメント作為とジェンダー・ハラスメント不作為のモデルで異なる結果となった。ジェンダー・ハラスメント作為のモデルでは，対人的公正から怠業的調整行動へのパスは数値は小さいが有意な負の値となり，ジェンダー・ハラスメント不作為のモデルでは負の値ではあったが無相関となった。これに関しては，さらに検討される必要があるだろう。

5. 本研究の限界と課題

本章では，田中（2004）の結果に基づき，組織市民行動のうちの組織支援行動および清潔さについてのみ検討がなされた。日本版組織市民行動には，その他に職務上の配慮，対人的援助，誠実さの因子が確認されているため，ジェンダー・ハラスメントと組織市民行動との関連を確認するのであれば，今後はこれらの因子についても検討される必要があるだろう。

最後に，調査方式の問題点について述べなければならない。本章で実施された調査は，調査会社に登録されたモニターに対するWeb調査であるため，標本抽出の正式な手続きを経て得られたデータとはみなされにくい。した

がって，分析結果の一般化については慎重になる必要がある。今後，引き続き検討されるべきだろう。

第Ⅳ部
ジェンダー・ハラスメントに関する研修効果

第12章 準実験によるジェンダー・ハラスメントに関する研修効果の検討(1)

第1節 序論

　第10章において，ジェンダー・ハラスメントが就業女性の精神的健康に悪影響を及ぼすことが示され，第11章においては，ジェンダー・ハラスメントの職務関連行動への悪影響が示された。第10章，11章をとおして，全体的にはジェンダー・ハラスメントの持つ負の影響が示されているため，ジェンダー・ハラスメントは組織にとって抑止されるべきものとして捉えられなければならない。また，第10章においては，ジェンダー・ハラスメント不作為に対して不快感を持たないことは，間接的に精神的健康状態を悪化させ，あまり大きくはなかったものの，直接的な影響力も持っていた。このことは，就業女性は自ら受けたジェンダー・ハラスメント不作為に対しては，それに無感覚になるのではなく，むしろセンシティブになった方が精神的健康状態をよりよく保つことができることを示唆している。ジェンダー・ハラスメント行為は組織にとっても就業女性個人にとっても抑止されるべき行いであり，さらに，それを受ける女性自身がジェンダー・ハラスメントを悪い行為であることを認識することが求められるだろう。

　それでは，組織の中で頻繁に発生しているジェンダー・ハラスメントが防止されるべき行為であるという認識を高めることに対して，どのような方策が有効であろうか。まず，考えられる方策として，組織が主催・後援して構成員を対象に行う研修が挙げられるだろう。もしこうした研修においてジェンダー・ハラスメントが受け手に悪影響を及ぼす行いであるということが説

得力をもって説明されれば，研修受講者のジェンダー・ハラスメントに対する認識が高まり，行為も抑止されることが期待できるだろう。しかしジェンダー・ハラスメントの防止研修実施の効果を検討した先行研究は見当たらなかったため，研修効果を検討した実験的研究を探したところ，その中に，研修の有効性が示されたものがあった。たとえば，ミニ・レクチャーとグループ討議による研修プログラムがストレスマネジメントに有効であることが堀・島津（2007）により確認されている。

第2節 目 的

そこで，本章では，就業女性に対して行うジェンダー・ハラスメントに関する研修の実施の有効性を確認することを目的とする。就業女性が他の就業女性に対して行うジェンダー・ハラスメントが不適当な行為であるという理解についての研修効果を検証する。

第7章において，女性に対するジェンダー・ハラスメントは，男性ばかりではなく，実は女性自身も同性である女性に対して頻繁に行っていることが調査により明らかにされた。このため，本章においては就業女性を対象としたジェンダー・ハラスメント研修，すなわち，自身が受けるジェンダー・ハラスメントが不適切な行為であるという理解の促進と，同性間のジェンダー・ハラスメント抑止を目的とした研修を実施し，研修前後，事後の意識の変化を確認する。

第3節 方 法

1. 調査の概要

2009年11月にある民間企業（従業員数600人）の人事研修の一環として，著者が女性従業員（20～50歳代）にジェンダー・ハラスメント研修を実施す

第12章 準実験によるジェンダー・ハラスメントに関する研修効果の検討(1)　139

る。所要時間は，午前9時から11時までの約2時間とする。研修の直前，直後，および一週間後に同一の質問紙調査を実施し，ジェンダー・ハラスメントの行為が不適切であるということにどれだけ賛同できるかについて調査し，研修効果の有無を検証する。

2. 研修の実施

(1) 事前説明及び事前質問紙調査の実施

まず，企業の研修責任者が研修の目的を説明し，次いで著者が参加者に対してプライバシー保護に関する説明を行い，研修前・後と事後における質問紙調査への協力を求め参加者の了解を得た。その後，参加者が約5分間質問紙の記入を行い，著者が回収した（約15分）。

(2) 研修内容

著者が働く女性へのインタビューから得た事例の紹介を行い，日本の就業女性が受けているジェンダー・ハラスメントについての説明を行った（30分）。次に，5，6人のグループに分かれてもらい，グループごとに紹介された事例の中から1つを選択してもらい，それについてグループ内で約20分間の討議をしてもらった。その後，グループの代表者により討議の結果の発表をしてもらった。発表後，著者が「ジェンダー・ハラスメントが就業女性の精神的健康状態に及ぼす影響」というテーマでミニ・レクチャーを行った。

(3) 研修直後の質問紙調査の実施

研修終了直後に約5分間質問紙の記入をしてもらい，著者が回収した。

(4) 事後の質問紙調査の実施

研修実施の一週間後に協力企業の研修担当者が研修参加者に質問紙に記入を求め，回収した。

3. 意識変化の測定の方法

職場で行われるジェンダー・ハラスメントの各行為に対し，どの程度不適

切な行為と考えるか5件法により評定してもらい，その理解度を測定した。評定には，第Ⅱ部において開発されたジェンダー・ハラスメント測定尺度を用いた。この測定尺度は2つの下位尺度からなり，1つは女性にのみ細やかな気配り・気働きを期待するジェンダー・ハラスメント作為（GH作為：得点範囲7～35），もう1つは女性には重要な役割を期待しないジェンダー・ハラスメント不作為（GH不作為：得点範囲6～30）であった。

第4節　結　果

1. 研修前後と一週間後の理解度の変化

研修に参加した就業女性30名のうち，研修前，研修直後，研修一週間後に実施した質問紙調査のすべてに回答した23名の回答が分析対象となった。研修前，研修後，研修一週間後のジェンダー・ハラスメント理解度の平均得点は，ジェンダー・ハラスメント作為では，23.13，29.13，27.35点，不作為では，25.70，28.04，27.96点であった。結果をTable 12-1およびFigure 12-1，12-2に示す。

これらについて，対応のある一元配置の分散分析を行った結果，ジェンダー・ハラスメント作為の平均値では，研修前・後・一週間後の間で有意となった（$F(2, 21)=24.895, p<.01$）。さらに多重比較の結果，研修前に対する研修後・一週間後の数値が有意に高く（I-J=6.000, $p<.01$, I-J=4.217, $p<.01$），研修後と一週間後の数値には有意な差は確認されなかった。

不作為の平均値においても，研修前・後・一週間後の間で有意となった（$F(2, 21)=6.662, p<.01$）。さらに多重比較の結果，研修前に対する研修後の数値が有意に高く（I-J=2.348, $p<.01$），一週間後の数値に傾向差が確認された（I-J=2.261, $p=.055$）。研修後と一週間後の数値には有意な差は確認されなかった。

Table 12-1 ジェンダー・ハラスメント理解度についての一元配置分散分析の結果

	研修前	研修後	一週間後	F値 ($df=2$)	多重比較
GH作為	23.130	29.130	27.348	24.895**	研修後＞研修前 **
	(4.615)	(4.424)	(4.932)		一週間後＞研修前 **
GH不作為	25.696	28.043	27.957	6.662**	研修後＞研修前 **
	(4.517)	(3.612)	(2.688)		一週間後＞研修前 +

注）GH：ジェンダー・ハラスメント．**：$p<.01$，+：$p<.10$

2. 事後データの有無と研修効果の関係に関する分析

　研修効果を測定するために，研修前・直後，一週間後（事後）の3水準の測定を30名に対し試みたが，そのうち6名については，研修前後のデータは得られたが，事後データが回収できなかった。研修前と直後の調査票は，研修会場で記入してもらい回収されたが，一週間後の調査票については，研修会場で配布した調査票を各自が持ち帰り記入し，人事担当者へ提出した。このため，一週間後に調査票を提出するかしないかの判断は，研修参加者にある程度委ねられていたと考えられ，研修参加者の何らかの要因が提出の有無に影響を与えた可能性がある。そこで，研修前，直後の理解度の値と一週間後の回答の有無の間の関係を検討するために，事後データの提出のあり・なし（被験者間）×研修前後（被験者内）の2要因2水準の混合モデルによる分散分析を行った。

　まず，ジェンダー・ハラスメント作為（Figure 12-3）については，事後データのあり・なしと研修前後で交互作用が有意となった（$F(1, 27)=7.197$, $p<.05$）。次いで，単純主効果の検定を行った。その結果，研修前後の条件において，事後の有無の単純主効果が有意となった（$F(1, 27)=9.805$, $p<.01$）。多重比較の結果，研修前では，事後の有無に有意な差はなく，研修後では，事後データありが事後データなしよりも有意に高い数値を示した（I-J=6.964, $p<.01$）。事後データのあり・なし条件において，事後データなしでは研修前後に有意差はなく，事後データありで，研修前より研修後が有意に高い数

142　第Ⅳ部　ジェンダー・ハラスメントに関する研修効果

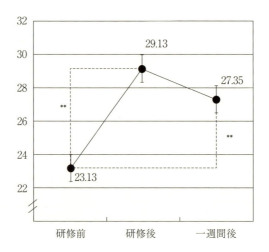

注) ** : *p*<.01

Figure 12-1　研修前後・一週間後のジェンダー・ハラスメント作為に対する理解度の変化

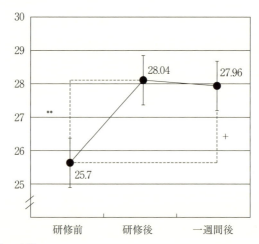

注) ** : *p*<.01, ⁺ : *p*<.10

Figure 12-2　研修前後・一週間後のジェンダー・ハラスメントに不作為に対する理解度の変化

第 12 章 準実験によるジェンダー・ハラスメントに関する研修効果の検討(1) 143

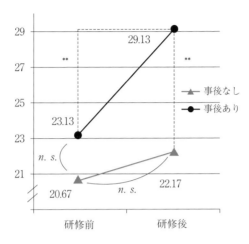

注) ** : $p<.01$

Figure 12-3 事後データの有無による研修前・後のジェンダー・ハラスメント作為の理解度の比較

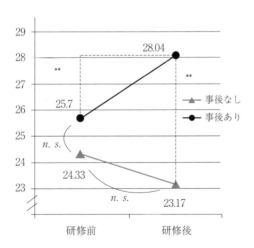

注) ** : $p<.01$

Figure 12-4 事後データの有無による研修前・後のジェンダー・ハラスメント不作為の理解度の比較

値を示した（I-J=6.000, $p<.01$）。

次に，ジェンダー・ハラスメント不作為（Figure 12-4）については，事後データの有無と研修前後で交互作用が有意となった（$F(1, 27)=7.197, p<.05$）。次いで，単純主効果の検定を行った。その結果，研修前後の条件において，事後の有無の単純主効果が有意となった（$F(1, 27)=5.289, p<.05$）。

多重比較の結果，研修前では，事後の有無に差はなく，研修後では，事後データありがなしよりも有意に高い数値を示した（I-J=4.877, $p<.01$）。事後データの有無条件において，事後データ無では研修前後に差はなく，事後データ有で，研修前より研修後が有意に高い数値を示した（I-J=2.348, $p<.01$）。

3. 受講者アンケートの集計結果

研修参加者に対して，研修終了後に受講者アンケートを配布した。研修前後の意識変容に対する自己評定を測定するために，「セミナーを受講して考え方が変わりましたか？」という質問を設けた。これについて，「元々講義内容のとおり考えていた」と回答した人は全体の21.74%，「変わった」と回答した人は52.17%，「変わらない」は13%，「無回答」は3%であった。「元々講義内容のとおり考えていた」「変わった」を合わせると73.9%であり，この結果から，研修参加者はジェンダー・ハラスメントの防止に対して高い意識を保持していることを示している。

また，自由記入欄には，「変わった」と回答された回答者から，「今まで感じなかったが，ジェンダー・ハラスメントを受けていたのだと気づいた」，「あたり前で頼まれていたことがあたり前でないのか？と考えるようになった」といった意見が寄せられた。一方，「変わらない」と回答された回答者からは，「女性にしかできない女性の強みというものもあると思うので，その女性の強みが仕事で活かされればいい」「女性として職場が居心地の良い所としたい」といった意見が寄せられた。

第5節 考　察

　本章においては，ジェンダー・ハラスメントに関する研修の実施の有効性を確認することを目的とした。企業に所属する就業女性に対し研修を実施し，研修前後および事後のジェンダー・ハラスメントが不適当な行為であることについての理解度が測定された。

1. 研修効果の有無

　研修前後および一週間後の理解度の変化について一元配置の分散分析を実施した結果，ジェンダー・ハラスメント作為・不作為ともに，研修前より研修後，一週間後が高く，研修後と一週間後には差が確認されなかった。これらの結果は，研修受講後に就業女性の理解度が増加し，さらに，一週間経過後もその理解度が維持されていることを示している。このことから，ジェンダー・ハラスメントに関する研修は，それに対する意識の変容と行為の防止に一定の効果が期待できるだろう。

　次に，事後データの回答を控えた6名について，他の回答者との研修の効果の違いを比較するため，事後データの有無と研修前後で2要因2水準の混合モデルによる分散分析を行った。その結果，ジェンダー・ハラスメント作為・不作為ともに，事後データなし群は，研修前と後で理解度に差が確認されなかった。また，研修前における理解度は，事後データなし群と事後データあり群は差が確認されなかった。これらの結果は，もともとジェンダー・ハラスメントに関する理解の低い人が一週間後に回答しなかったのではなく，研修に効果が出なかった人が一週間後に回答するのを控えたことを示している。今後は，より多様な就業者に対応した研修の方法を模索する必要があるだろう。しかしながら，今回の研修に参加した就業女性の8割から回答が得られ，そのデータに基づいて研修効果が確認されたことの意義は大きいと評

価できるだろう。ジェンダー・ハラスメント防止のために研修を実施することは，一定の効果が期待できると考えられる。

2. 今後の課題

受講者アンケートの結果から研修効果を考察すると，次のことがいえるだろう。

意識の変容がなかったと自己評定した回答の自由記入欄の中に，「女性の特性」といった内容の文言が入っていた。このことから，意識の変容のなかった回答者は性差に対する意識が強い可能性が示唆される。したがって，このような就業女性には，ジェンダーに対する意識や態度のレベルに働きかける研修プログラムが有効と考えられる。

また，グループ討議中にジェンダー・ハラスメントの事例に対して，「こんなことは当たり前」「自分はもっと酷い仕打ちを受けてきた」等の意見がベテランの就業女性から寄せられた。昔，接待でお茶を入れに応接室に入ったその女性は，当時妊娠中でお腹が大きかったことで，接客中の上司から「そんな醜い姿でお茶をいれるな」[16]という言葉を浴びせられたという。このことから推測するに，ベテランの女性たちは，それまでの過酷な体験から，軽度のハラスメントに該当するジェンダー・ハラスメントに対しては，そのひとつひとつに反応することを放棄することで職場での安寧を何とか保っているのではないだろうか。Raver & Nishii（2010）の言葉を借りれば，より厳しい形態のセクシュアル・ハラスメントに永年さらされてきた就業女性は，「ハラスメントに自分自身が慣れていくことで対処し，その場をしのいでいるのかもしれない」。しかしジェンダー・ハラスメントに該当するような行為に無感覚であると，それを受けている同僚の就業女性に対しても，「自分

---

16 杉浦（2009）は，妊娠中の就業女性の大きなおなかに対する「はずかしい」（あるいは「みっともない」），「おばはん」，「暑苦しい」という「暴言」が存在することを報告し，このような妊娠した就業女性が直面する諸問題を「マタニティ・ハラスメント」と定義している。

はもっと酷い仕打ちを受けたのだから我慢すべきだ」というような冷ややか態度で接しかねないだろう。また，このような状況が組織の中で積み重ねられていくことは，ジェンダー・ハラスメントを容認する組織の風潮を生み出しかねない。このため，ジェンダー・ハラスメント防止の対策を立てるためには，回答を放棄した就業女性の個人要因および状況要因を明らかにし，このような就業女性に対しても有効となるような研修プログラムの構築を模索する必要がある。したがって，今後は，年齢や勤続年数などの人口統計的データも取り込んだ，より細かな分析がなされる必要があるだろう。

3. 本研究の限界

本研究では，ジェンダー・ハラスメントに関する研修が，ジェンダー・ハラスメントに対する認識を高めることに有効であるかについて，研修前後および事後における質問紙調査が実施された。ジェンダー・ハラスメント防止への理解が高まることが確認されたが，それによりジェンダー・ハラスメントに該当するような行為が実際に抑制されたかどうかについては，さらに検討される必要があるだろう。理想的には，職場の中で，個々人の研修前と研修後，一定期間経過後の行動が測定されることが望ましいが，それには倫理上の問題がある上，測定も困難と思われる。

また，実施された研修の講師には著者があたったため，事前事後の質問紙調査にバイアスがかかった可能性も否定できない。このような実験者効果についても考慮される必要があるだろう。

最後に，研修協力者について述べなければならない。本研究では一企業に在籍する正規雇用の就業女性を対象とし，研修が実施された。このため，結果の一般化については慎重になる必要があるだろう。さらに，同じ研修が就業男性に対して実施された場合の研修効果についても，今後調査されることが求められるだろう。

第13章　準実験によるジェンダー・ハラスメントに関する研修効果の検討(2)

第1節　序　論

　前章では，組織の中で頻繁に発生しているジェンダー・ハラスメントが防止されるべき行為であるという認識を高めるための方策の一つとして，企業の人事研修の一環としたジェンダー・ハラスメント研修を実施し，その効果が測定された。受講前後，および事後の理解度を測定・分析した結果，その研修は一定の効果が認められ，それが一定期間持続するものであることが確認された。

　しかし，事後データの回答を控えた研修参加者が6名存在していた。研修前，研修後の調査票は研修会場にて人事担当者が回答を求めたため，研修受講者全員の調査票が回収されたが，研修後の調査票に対しては，一堂に会して半ば強制的に回収される状況ではなかったため，回答する・しないという選択に対してある程度の裁量があったと推測された。

　そこで，回答を控えるという行為の存在した原因について調べるために，他の回答者との研修の効果の違いの比較を行ったところ，もともとジェンダー・ハラスメントに関する理解の低い人が一週間後に回答しなかったのではなく，研修に効果が出なかった人が一週間後に回答するのを控えたことが分析結果から明らかになった。このことから，より多様な就業者に対応した研修の方法を模索する必要が示唆された。

　さらに，研修後も意識の変容がないと回答した女性の個人要因に着目すると，「意識の変容がない」を選択した回答者の自由記入欄の中に「女性の特

性」により,「ジェンダー・ハラスメントに該当するような行為を不適切な行為とは思えない」ことの理由としている文言が見られた。このことから,「男性の特性」・「女性の特性」により職務役割を固定するといった,固定的な性役割観を持っている女性に対して,当該研修の効果がなかった可能性が高いと推測された。

第2節　目　的

本章では,固定的な性役割観を有する女性に対しても,そうでない女性に対しても有効となるようなジェンダー・ハラスメント研修の構築を目指し,実験的に研修プログラムを作成・実施して,その効果の検証を行う。

第3節　方　法

1. 落語を使用した研修プログラムの構築

前章で実施された研修は著者によるもので,グループワークを含んだ講義形式の研修であった。講師による説明や受講者同士の対話を通して,ジェンダー・ハラスメントが不適当な行為であることを理解してもらうことを念頭に実施される。

本章では実験的試みとして,前章で研修効果の認められなかったと推測された,固定的な性役割観を保持する女性に対しても有効となりうる研修プログラムの企画を検討した。この研修では,日本の古典芸能の話芸による落語を用いて,物語への興味と笑いの力によって受講者の関心と納得を引き出すことを試みた。研修に使用する落語は,男女共同参画を主なテーマとして創作・口演・研修活動を行っている創作落語家（阪本真一氏）により作成された。創作落語家へは,本研究の趣旨を説明し賛同を得たうえで,研修で使用する落語研修の創作および口演を依頼した。作成された落語は,本研究の趣旨に

合致した内容であるか著者により監修された。

2. 研修の実施

2011年4月25日，A市が例年主催している女性市民団体の研修会の席で，落語を使用した研修が実施された。講師は，男女共同参画落語創作・口演家が務めた（Photo 13-1）。

Photo 13-1 落語を使用した研修の様子

研修会では，まず，創作落語家の自己紹介が約5分間行われた。次に，「男女共同参画落語を聴こう」というタイトルで，約45分間の落語口演が行われた。その後，落語内容についての補足として，ジェンダー・ハラスメントについての講義が行われた。研修会は全体でおよそ1時間半となった。研修参加者には研修実施直前と直後に質問紙への回答の協力を求めた。

3. 効果測定の方法

研修の直前と直後においてそれぞれ質問紙調査を実施し，ジェンダー・ハラスメントに該当する行為に対し，どの程度不適切な行為と考えるか5段階（1：「かなり適切だと思う」〜5：「かなり不適切だと思う」）で評定してもらい，理解度の変化を測定した。ジェンダー・ハラスメントの評定には，第Ⅱ部に

おいて開発されたジェンダー・ハラスメント測定尺度を用いた。この測定尺度では，ジェンダー・ハラスメントに該当する行為は，2つの種類に分類されている。1つは，女性にのみ細やかな気配り・気働きを期待するといった内容のジェンダー・ハラスメント作為7項目（得点範囲：7～35点）であり，もう1つは，女性には重要な役割を期待しないという内容のジェンダー・ハラスメント不作為6項目（得点範囲：6～30点）である。得点が高いほど理解度が高いことを示す。

また，男女の固定的な役割観を測定するために，鈴木（1994）の平等主義的性役割態度スケール短縮版（SESRA-S）を用いた。鈴木（1994）によれば，「性役割」は，「男女にそれぞれふさわしいとみなされる行動やパーソナリティに関する社会的期待・規範およびそれらに基づく行動」を意味し，「性役割態度」は，性役割に対して，一貫して好意的もしくは非好意的に反応する学習した傾向である。また，「平等主義」とは，「それぞれ個人としての男女の平等を信じること」である。SESRA-S は，これらの定義に従って作成されている。この尺度は，「女性は，家事や育児をしなければならないから，フルタイムで働くよりパートタイムで働いた方がよい」などの15項目から構成され，5段階（1:「全くそう思わない」～5:「全くそう思う」）により評定される（得点範囲：15～45点）。得点が高いほど，平等的な性役割態度を有していることを示す。

そのほか，デモグラフィック特性に関する設問として，年齢および勤続年数について回答を求めた。なお，年齢については，回答のしやすさを考慮して，「45～50歳」というように，20歳から5歳刻みに11段階で評定された。

第4節　結　果

1. 基本統計量

研修参加者は26名であった。質問紙は，研修前26件，研修後21件が回

収された。

　回答者の年齢の最頻値は，60〜65歳で，次いで55〜60歳が多かった。勤続年数の平均値は13.73年，標準偏差は10.964であった。

　研修前のジェンダー・ハラスメントの得点は，ジェンダー・ハラスメント作為では，平均値27.058，標準偏差4.598，ジェンダー・ハラスメント不作為では，平均値26.915，標準偏差3.654であった。研修終了後のジェンダー・ハラスメントの得点は，ジェンダー・ハラスメント作為では，平均値29.714，標準偏差3.593，ジェンダー・ハラスメント不作為は，平均値28.476，標準偏差2.731であった。尺度の信頼性を求めるためにα係数を求めたところ，ジェンダー・ハラスメント作為で.733，ジェンダー・ハラスメント不作為で.806となり，内的一貫性が確認された。

　ジェンダー・ハラスメントの得点分布を確認したところ，不作為において高得点に分布が偏っていたため，平均値＋標準偏差の値を算出して，天井効果を確認した。天井効果とは，得点の分布が高い方に歪んでいることである。その結果，研修前で $26.915 + 3.654 = 30.659 > 30$，研修後では $28.476 + 2.731 = 31.207 > 30$ となり，いずれも得点範囲の最大値を超えていた。ジェンダー・ハラスメント不作為に関しては，回答者の多くが不適切な行為と評定していたことを示していた。尺度の信頼性を求めるためにα係数を求めたところ，ジェンダー・ハラスメント作為で.634，ジェンダー・ハラスメント不作為で.636と高くはないが，ある程度の内的一貫性が確認された。

　SESRA-Sの得点は，平均値57.661，標準偏差9.685であった。尺度の信頼性を求めるためにα係数を求めたところ.877となり，内的一貫性が確認された。

2. 研修効果の分析

　回収された21件の回答のうち，研修前と研修後の調査項目が揃わないなどの欠損値を含む回答を除去し，19件が本分析の対象とされた。

　SESRA-Sの得点の高さが研修効果にどのような影響を及ぼしていたか確

認するために,まず,SESRA-Sの得点の中央値により被験者を高・低の2つの群に分け,2要因(SESRA-Sの高・低×研修前・後)の混合モデルによる分散分析による検討を行った。

ジェンダー・ハラスメント作為についての分析の結果,研修前後×平等主義的性役割態度の交互作用($F=1.685$, $n.s.$)は有意とならず,平等主義的性役割態度の高・低群の違いによる主効果($F=.046$, $n.s.$)も有意とならなかった。研修前後の主効果のみが有意となった($F=6.802$, $p<.05$)。研修前後の平均値の変化を Figure 13-1 および Table 13-1 に示す。

同様に,ジェンダー・ハラスメント不作為について分析した結果,研修前

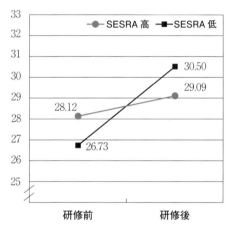

Figure 13-1 ジェンダー・ハラスメント作為の理解度の変化

Table 13-1 ジェンダー・ハラスメント作為の理解度の変化

		研修前の平均値 (標準偏差)	研修後の平均値 (標準偏差)
SESRA-S	高群 ($n=11$)	28.122 (4.382)	29.091 (4.061)
	低群 ($n=8$)	26.729 (4.915)	30.500 (3.071)

後×平等主義的性役割態度の交互作用（$F=.131$, $n.s.$），平等主義的性役割態度の高・低群の違いの主効果（$F=.001$, $n.s.$），研修前後の主効果（$F=1.872$, $n.s.$）のすべてが有意とならなかった。研修前後の平均値の変化をFigure 13-2 および Table 13-2 に示す。

　これらの結果から，ジェンダー・ハラスメント研修は，ジェンダー・ハラスメント作為に関しては，SESRA-S の得点の高・低に関わらず，一貫して有効であったことが示された。一方，ジェンダー・ハラスメント不作為に関しては，ジェンダー・ハラスメント研修は SESRA-S の得点が高い低いかに関係なく，一貫して理解度に変化が認められなかった。

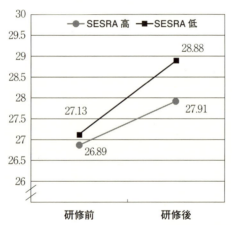

Figure 13-2　ジェンダー・ハラスメント不作為の理解度の変化

Table 13-2　ジェンダー・ハラスメント不作為の理解度の変化

		研修前の平均値 （標準偏差）	研修後の平均値 （標準偏差）
SESRA-S	高群 （$n=11$）	26.891 （3.986）	27.909 （3.390）
	低群 （$n=8$）	27.125 （2.900）	28.875 （1.885）

第13章　準実験によるジェンダー・ハラスメントに関する研修効果の検討(2)　155

第5節　考　察

1. 落語を使用した研修の効果の有無

　本章では，ジェンダー・ハラスメントに対する理解を促進するための研修プログラム構築を目的として検討を行った。特に本章では，前章の知見を踏まえ，研修参加者の固定的な性役割観の有無に依存せずに効果が及ぼされることを主眼とする研修が企画された。このため研修は，「説明をもとに理解を促される」という従来の方式によらず，古典芸能である落語が実験的に取り入れられた。

　分散分析の結果，ジェンダー・ハラスメント作為においてSESRA-Sの高・低と研修前後の交互作用が有意とならず，研修前と後との比較においてのみ理解度の上昇が確認された。このことは，固定的な性役割観が高い女性にも低い女性にも，区別なく一様に研修の効果があったことを示し，本章において求められた研修プログラムの構築の目的が達成できたといえるだろう。

　一方，ジェンダー・ハラスメント不作為では，交互作用は有意とならなかったが，研修前後の主効果も有意な差が確認されなかった。このことは，研修の効果そのものが本研究において確認されなかったことを示す。この原因としては，全体のサンプル数が19（高群：11，低群：8）と少なかったこと，また，研修参加者のジェンダー・ハラスメント不作為への回答の値に天井効果が見られ，研修前で既に参加者の理解度が十分に高かったことが挙げられるだろう。

2. 本研究の限界と今後の課題

　今回の研修では，受講者が比較的年齢の高い層に分布が偏っていた。就業女性に対するジェンダー・ハラスメントの効果を確認するために，今後，現役世代を中心とする年齢層に対象を絞り，研修の効果を検証することが求め

られるだろう。

　また，本章では，ジェンダー・ハラスメント防止への理解が一部において高まることが確認されたが，研修の目的のひとつであったジェンダー・ハラスメントに該当するような行為の抑制については，さらに検討される必要があるだろう。このためには，今後は行動指標により研修前後の状態が測定されることが望ましい。

　最後に，本研究において，落語を使用した研修の効果が受講者の固定的な性役割観に依存しないことが部分的に認められたが，従来の研修方式による研修の効果と今回用いた落語による研修の効果の違いについては，さらに検討を重ねる必要があるだろう。

第Ⅴ部
本書の要約と総合的考察

第14章　本書の要約

ジェンダー・ハラスメントとは何か

　第Ⅰ部では，ジェンダー・ハラスメントに関連する研究が展望された。まず，第1章では，ジェンダー・ハラスメント発生の背景として，日本における就業女性のおかれた状況が国際比較から示された。第2章ではジェンダー・ハラスメントの規定因と考えられる性差別に関する研究として，両面価値的性差別，現代的性差別，ネオ・セクシズムが紹介された。第3章では，本書が依拠しているセクシュアル・ハラスメント研究について，主に心理学研究における研究のはじまりから現在までの研究が概観された。第4章ではセクシュアル・ハラスメント研究におけるジェンダー・ハラスメントの位置づけとジェンダー・ハラスメントに関する先行研究の知見が紹介された。第5章では先行研究におけるジェンダー・ハラスメント研究の課題が提示された。

ジェンダー・ハラスメント測定尺度の作成

　第Ⅱ部ではジェンダー・ハラスメントの測定尺度が開発された。第6章において，半構造化面接により事例が収集され，先行研究を参考にジェンダー・ハラスメントに該当する行為13項目が選定された。選定された項目を，それが示す内容ごとに整理したところ，女性的な役割遂行を期待する行為であるジェンダー・ハラスメント作為と，男性に期待される役割遂行を期待しない行為であるジェンダー・ハラスメント不作為に区分された。第7章では，これらの項目を含む質問紙調査に対して，男性行為者，女性行為者を別々に因子分析を実施した結果，男女とも同様の因子構造が確認された。この因子構造は，半構造化面接で得られたジェンダー・ハラスメントの2つの側面と項目が一致していた。第8章では，第7章で作成された尺度の妥当性

を確認するために，ジェンダー・ハラスメントと関係性のある3つの既存の尺度との相関係数を算出したところ，これらの尺度との相関が確認された。次に，この尺度が内容的に妥当なものであるか確認するために，女性管理職比率の異なる組織における発生頻度の比較を行った。その結果，女性管理職比率の低い組織は高い組織よりもジェンダー・ハラスメントの発生頻度が有意に高いという妥当な結果が示された。また既存のジェンダー・ハラスメント項目との相関係数を算出したところ，有意な相関が確認された。

以上の結果から，第Ⅱ部で作成されたジェンダー・ハラスメント測定尺度は本研究で想定されたジェンダー・ハラスメントの概念に一致するものであると解釈された。

さらに第9章では，ジェンダー・ハラスメントがセクシュアル・ハラスメントの下位概念ではなく，別の種類のハラスメントであることを検証するために，類似概念である職場の無作法を比較に用いて，男性就業者の行為の頻度の評定について分析を行った。その結果，ジェンダー・ハラスメントは，別概念である職場の無作法と同じくらい，あるいはそれ以上に，性的なハラスメントとは関連が弱いという結果が示された。このことはすなわち，職場で男性が女性に対して行う性的な接触といった行為は，女性の職務遂行能力を男性よりも低く見積もるということや，女性にのみ細やかな気配りや気遣いを求めるといった行動とは，分けて論ぜられるべきであり，両者の性質が異なるということを示している。このことから，ジェンダー・ハラスメントはセクシュアル・ハラスメントと関連のある別概念として検討されるべき可能性が示唆された。

ジェンダー・ハラスメントが就業女性に及ぼす影響

第Ⅲ部では，第10章，第11章をとおして，日本の職場で発生しているジェンダー・ハラスメントを女性特有のストレッサーとして，これらが及ぼす影響について検討された。

まず，第10章では就業女性の精神的健康状態への悪影響が検討された。先行研究では，ジェンダー・ハラスメントが過大な職務遂行要求を経由して就業女性の精神的健康状態に影響を及ぼすことが確認されている。これを受けて第10章では，第Ⅱ部で開発された日本の組織における女性に対するジェンダー・ハラスメント測定尺度を用いて，ジェンダー・ハラスメントの頻度と不快感の観点から，Parker & Griffin（2002）のジェンダー・ハラスメントの間接的影響についてのモデルを応用して検討された。分析の結果，ジェンダー・ハラスメントの頻度は作為・不作為ともに過大な職務遂行要求を高め，間接的に精神的健康状態に悪影響を及ぼすことが示された。また，本章において，ジェンダー・ハラスメント不作為に対して不快感を持たないほど精神的健康状態を悪化させることが確認された。このことは，就業女性は自ら受けたジェンダー・ハラスメントに対しては，それに無感覚になるのではなくむしろセンシティブになった方が精神的健康状態をよりよく保つことができることを意味している。

第11章では，ジェンダー・ハラスメントが就業女性の組織内における職務関連行動に与える直接的影響について，組織市民行動およびそれと対照的な行為である怠業に属する職務行動が中心に検討された。まず，ジェンダー・ハラスメントを受ける頻度と職務関連行動との関係を検討するために分析を行った結果，ジェンダー・ハラスメント作為の頻度およびジェンダー・ハラスメント不作為の頻度が高いほど，怠業的調整行動の頻度が高まるとともに，組織市民行動の頻度も高まることが示された。

第10章，第11章から得られた結果を総合すると，ジェンダー・ハラスメントは就業女性個人に精神的悪影響を及ぼすだけでなく，組織の経営的側面にも負の影響をもたらすということがいえる。

ジェンダー・ハラスメント防止の研修効果

第Ⅳ部では，第12章，第13章における実験的研究により，ジェンダー・

ハラスメント防止のための研修の実施の有効性を確認することを目的とし,研修効果の測定をおこなった。第12章では,就業女性に対して著者が研修を実施し,研修前後および事後のジェンダー・ハラスメントが不適当な行為であることについての理解度の変化が測定された。その結果,ジェンダー・ハラスメント作為,ジェンダー・ハラスメント不作為ともに,研修前後で理解度が高まり,一週間後も理解度が維持されていることが示された。第13章では,より多様な受講者に効果のある研修方法が模索された。ここでは落語を使用した研修が実施され,ジェンダー・ハラスメント作為に関しては,固定的な性役割観が高い女性にも低い女性にも区別なく研修の効果が現われた。

これらの結果から,本章で実施されたジェンダー・ハラスメント研修は,ジェンダー・ハラスメント防止に対する認識を高めることに対して有効であることが示された。

第15章 総合的考察

　本書の目的は，日本の就業女性が直面し続けてきたジェンダー・ハラスメントの問題を，心理学におけるセクシュアル・ハラスメント研究を起点に再整理し，その影響と対策を検討することであった。

　心理学におけるセクシュアル・ハラスメントに関する先行研究では，ジェンダー・ハラスメントに関する調査項目が多くはなく，また，ジェンダー・ハラスメントの項目が文化依存的と判断されたため，本書の執筆にあたっては，まずジェンダー・ハラスメント測定尺度の作成が試みられた。半構造化面接により得られた結果から，日本における就業女性に関する先行研究を参考にし，項目が選定された。被面接者からは，性別に基づいた役割の固定に対して「好ましい−好ましくない」といった両極の態度が示された。

第1節　本書で研究対象とされたジェンダー・ハラスメント

1. ジェンダー・ハラスメントの範囲

　ジェンダー・ハラスメントは，その名に忠実に解釈されれば，当事者によりハラスメントであると認識されていることが成立の要件となるだろう。先行研究におけるジェンダー・ハラスメント尺度の定義や項目には，「差別的な」「侮蔑的な」といった言葉が盛り込まれており，「何をハラスメントとするか」の判断が回答者に委ねられている。しかし，ジェンダー・ハラスメントの認識には個人差が確認されており，ある行為が常に相手の不快感を引き出すとは限らない。そこで，何がハラスメントと判断されるのかという問題に直面する。これに対して，「受け手がハラスメントと感じればそれはハラスメントである」という答えのように，受け手の知覚に基づいて定義された

とすると，研究の対象がいつまでも曖昧模糊として掴みどころがなく，ジェンダー・ハラスメントに対する防止対策も進まないだろう。

　この問題を回避するために，就業女性に対するインタビューを中心に据えた，ハラスメントと認識されうる具体的な事例に基づいた質的研究が行われる余地もあっただろう。しかしながら，そうした研究手法では最大公約数的に誰もがハラスメントと認めるようなジェンダー・ハラスメントのみが問題の焦点に据えられ，それ以外は依然受け手の知覚の問題に還元されてしまうおそれがある。加えて，受け手からあまりハラスメントと「認識されない」ことも，実はジェンダー・ハラスメントのひとつの問題となっていることが指摘された。つまり，ジェンダー・ハラスメント被害は，性犯罪の被害者がその事実をなかなか受け入れられないのと同様に，受け手すら容易にはその存在を認められないというところにも重要な問題が潜んでいると思われる。

　さらに，先行研究や第10章でも示されたように，ジェンダー・ハラスメントに対して不快感を持ちやすいのは昇進の意思の高い女性たちである。このため，不快感を前提にジェンダー・ハラスメント研究を進めるだけでは，いわゆるキャリア志向の強い女性のためだけの研究になりかねない。職場は男性と一部の女性たちのものではないのであり，すべての女性たちにそれぞれの能力を発揮できるような機会が許されるべきである。

　そこで，本書では敢えて受け手の被害者認識に依存しないジェンダー・ハラスメントの定義を用いた。すなわち，「職場の中で，ジェンダーに基づく役割を他者に期待する行為」である。第6章の半構造化面接調査の結果からも，第10章の質問紙調査による不快感の回答からも，本書で定義されたジェンダー・ハラスメントは，就業女性にとって否定的な行為とは必ずしも解釈されていないことが示されている。しかし，第1章で言及したように，就業女性は，本来権利・義務の主体である「個人」として処遇されるべきものであるはずが，職場における女性は「女性」という「集団」として捉えられ，個々の意思や能力は無視される傾向にある。これらの行為は性差別的行

為であり，本来保障されるべき人権に関わる問題である。

他方，「ハラスメントであるが，ハラスメントと認識されているとは限らない」という事実は，ともすればトートロジーとみなされるかもしれない。しかし，第10章において，ジェンダー・ハラスメント不作為の頻度では，精神的健康状態に及ぼす直接的・間接的悪影響が確認されたが，ジェンダー・ハラスメント不作為に対する不快感の間接的影響は確認されず，むしろ不快感を持たないことが直接的に精神的健康状態を悪化させることが確認された。ジェンダー・ハラスメント作為では，頻度および不快感からの精神的影響への直接的な悪影響は確認されず，それぞれの間接的影響のみが有意となり，頻度が高いほど不快感が高いほど精神的悪影響が高まることが示された。

これらの結果から，少なくともジェンダー・ハラスメントを受ける頻度が高いほど悪影響が及ぼされるが，必ずしもそれがハラスメントであると認識されているとは限らないということが分かるだろう。そしてこれは，本書により概念化されたジェンダー・ハラスメントが，ハラスメントと命名されるに足る証となるだろう。

2. ジェンダー・ハラスメントの被害者

本書において，ジェンダー・ハラスメントは「職場の中で，ジェンダーに基づく役割を他者に期待する行為」と定義された。この定義によると，ジェンダー・ハラスメントの対象は女性とは限らず男性の場合も想定される。あるいは，男女というカテゴリーに当てはまらない人も対象とされるべきかもしれない。しかし，第1章で述べたように，日本の職場は就業者を「男性」と「女性」という2つの性に区分して扱う。そして統計結果からは「男性」が「女性」よりも職場において優位な地位を占め，さらに「女性」はマイノリティ集団として一括りにされていることが示されている。また，心理学研究におけるセクシュアル・ハラスメント研究の結果からは，女性が男性より

もセクシュアル・ハラスメントやジェンダー・ハラスメントを受ける頻度が高く，その被害も深刻であることが示されている。このため，本書では，男女の就業者から就業女性が受けるジェンダー・ハラスメントを対象とした。

しかしながら，就業女性の多くを占めるパートタイマーやアルバイトといったような非正規雇用の女性は本書の対象とはされず，正規雇用の就業女性のみが対象とされた。日本における就業女性全体のジェンダー・ハラスメントの様態を捉えるためには，今後は多様化する雇用形態に対応した調査が実施される必要があるだろう。

第2節 ジェンダー・ハラスメントの概念的独立

ジェンダー・ハラスメントは，従来セクシュアル・ハラスメント研究の中で，その下位概念として扱われてきた。そのため，ジェンダー・ハラスメントの問題は性犯罪を構成するような性的なハラスメントと比較すると，さしあたっての被害が相対的に小さく評価されてきただろう。この問題を中心とした議論は，少なくとも心理学研究の文脈では相対的には多くはなかった。一方でジェンダー・ハラスメントはセクシュアル・ハラスメントとは分けて論じられるべきであるという指摘も多い。もし両者が別概念であるとしたら，発生過程や影響が異なるということが推測される。また，それらの解決方法も異なる可能性があるだろう。そこで本書では，これらが同じ概念として捉えられるべきか，別概念と捉えられるべきかについて検討した。

第9章において，これらの2つの概念の結びつきの強さの程度を，類似概念との結びつきの強さの程度と比較することにより，ジェンダー・ハラスメントはセクシュアル・ハラスメントから概念的に独立していることが示された。このことは，これまでの先行研究で蓄積されたセクシュアル・ハラスメントの知見のすべてが，ジェンダー・ハラスメントにおいてそのまま適用できるとは限らないことを意味している。このため，ジェンダー・ハラスメン

トの影響や発生過程，またその対策に関しては，今後研究が積み重ねられていく必要があるだろう。

さらに，就業女性の受けるストレッサーとしてジェンダー・ハラスメントを捉えるならば，今後はジェンダー・ハラスメントを職場に存在する様々ないじめや迫害の概念に統合し，その中でジェンダー・ハラスメントの影響の占める大きさが評価される必要があるだろう。理想的には就業女性が受けているジェンダー・ハラスメントの影響の度合いが，就業男性が受けているジェンダー・ハラスメントとの比較において相対的に評価されることが望ましいだろう。

第3節　ジェンダー・ハラスメントが就業女性に及ぼす影響

ジェンダー・ハラスメントは，それを受ける就業女性に影響を及ぼすことが予想された。本書では，まずは精神的苦痛に及ぼす影響が検討された。その結果は，ジェンダー・ハラスメントを受ける頻度が過大な職務遂行要求を媒介して精神的苦痛に影響を及ぼすという先行研究の知見を支持するものであった。さらに，ジェンダー・ハラスメントを受ける頻度と職務関連行動との関係を検討するために分析を行った結果，ジェンダー・ハラスメントの頻度が高いほど，怠業的調整行動の頻度が高まるとともに，組織市民行動の頻度も高まることが示された。

1. 組織市民行動と怠業的調整行動への影響

第11章のジェンダー・ハラスメントが組織市民行動と怠業的調整行動に及ぼす結果を統合すると，ジェンダー・ハラスメントを受けた就業女性は，正式な職務においてはその遂行を抑制する傾向を示し，任意の行動に対しては，それを促進する方向に影響を受けていることを意味する。

これに関しては，ジェンダー・ハラスメントがある行為を期待し，反対に

ある行為を行わないことを期待するといった，職務行動において二律背反的な価値を持っていることに原因があるのかもしれない。このようなアンビバレントな状況の継続が，将来的に就業女性に深刻な影響を及ぼすのではないだろうか。この点を検証するには，たとえば怠業的調整行動と組織市民行動の頻度を分析モデルに同時に投入し，これらの交互作用項が心身の健康状態や離職願望に及ぼす影響について検討される必要があるだろう。

あるいは，かつて日本のいわゆる「OL」はさまざまな補助労働，「職場の家事」を担っていたと熊沢（2007）が指摘しているが，このような職務分掌が明確でない日本の組織にあっては，第11章で検討された組織市民行動は，就業女性の正式な職務と明確に区分されていないという可能性があるだろう。すなわち，職務分担が不明瞭な日本の組織で働く就業女性たちにとっては，本来任意で行う組織市民行動に該当する役割の遂行を組織により暗黙に期待され，正式な職務とさして変わりなく認識されていた可能性も否定できない。もしそうであるならば，ジェンダー・ハラスメントが組織市民行動を促進し，反対に正式な職務を抑制する方向に働くという2つの結果は食い違っていると捉えられなくもない。

このように，対照的な2つの職務関連行動に対する結果をどのように解釈すべきかについては，引き続き検討されなければならないだろう。

2. 精神的健康状態への影響

第10章では，ジェンダー・ハラスメントが就業女性の精神的健康状態に及ぼす影響が2つの視点から検討された。

第1として，先行研究の知見を踏まえ，ジェンダー・ハラスメントの及ぼす影響は間接的か直接的かという観点から検討された。分析の結果，ジェンダー・ハラスメント作為の頻度も不作為の頻度も，精神的健康状態に対しては過大な職務遂行要求を経由した間接的な負の影響力を有していた。さらに，ジェンダー・ハラスメント不作為の頻度に関しては，間接的影響に加えて直

接的な影響も確認された。

　第2にジェンダー・ハラスメントの影響は，受け手がその行為を不快なものと考えることから及ぼされるのか，不快と思わなくても及ぼされるのかという観点から検討された。一般的には，ある経験を「不快なもの」と捉えることで，受け手のダメージは増幅すると予想されるが，本書においては不快なものと捉えないほど精神的ダメージは大きいとの仮説を立てた。分析の結果，ジェンダー・ハラスメント不作為に関しては不快感を持たない方がより精神的な健康状態が悪化した。この結果は，セクシュアル・ハラスメントを多く受けていても，それをセクシュアル・ハラスメントとラベリングしていない女性ほどダメージが大きかったという Magley et al.（1999）の研究結果の一部と符合するものであった。したがって，ジェンダー・ハラスメント不作為の被害者は，受けた行為を不快な行為と捉えていることから精神的なダメージを高めているのではなく，この点から，少なくともジェンダー・ハラスメントに該当する行為の報告があった場合は，その事実は慎重に扱われなくてはならないことを示し，被害者本人の知覚の問題に帰結したり，その被害を矮小化するべきではないといえる。

　第10章において，ジェンダー・ハラスメントが蔓延した職場に在籍する女性達が，将来どのような精神状態になっていくかが推測された。同時に，どのような女性ならば，ジェンダー・ハラスメントを受けても安寧を保てるかについても考察がなされた。その結果から，いかなる女性もジェンダー・ハラスメントの蔓延する職場で長期的に就業し続けることは大きな困難を伴うことが予測された。日本の就業女性に見られるいわゆる「M字型曲線[17]」のMの窪みの部分は，出産や育児のための退職と解釈されているが，ジェ

---

[17] 女性労働者の年齢階層別の労働力率をグラフで表した場合，女性が家事や育児に専念する30代をボトムとしたM字型のカーブを描くため，このように呼ばれる。M字型が示す問題点は，育児が終了した後の再就職はパートタイム労働者が多いという点である。パートタイム労働者は低賃金で，社会保険なども保障されず，仕事の内容も単純労働を強いられるなど，正社員に比べて労働条件はあらゆる面で劣悪である。

ンダー・ハラスメントもこの一因となっていることが推測されるだろう。

　ところで，精神的健康状態に着目すれば，ジェンダー・ハラスメント作為と不作為のへの影響の大きさの比較においては，作為よりも不作為の方がより深刻な影響があることを示している。一般的には，作為と不作為が比較された場合，作為の方が不作為よりもより悪い行為と判断される「不作為バイアス（omission bias）」が報告されている（たとえば，Spranca, Minsk, & Baron, 1991）。この知見を単純に当てはめれば，不作為よりも作為への不快感が強くなくてはならず，不作為よりも作為を受けた時のダメージがより深刻であると推測されるが，本書ではいずれも逆の結果となった。これに関しては，本書で定義された作為・不作為の項目の分類が，厳密に行為の態様に着目した区分ではなかったことが原因と思われる。また，不作為バイアスの発生は，それらの行為が引き起こした結果が同等であることを前提としている（たとえば，林，2009）。本書で定義した女性の特性を評価して称える作為と女性を基幹的な業務から遠ざけ貶める不作為とでは，行為の目的や結果が異なっていためだろう。

3．ジェンダー・ハラスメントに対するコーピング

　ところで，第11章で検討された怠業的調整行動をストレスに対する反応と捉えるのではなく，ジェンダー・ハラスメントに対するコーピングの観点から見ていくとどのようなことがいえるだろうか。第11章では，怠業的調整行動の理由を差別的な待遇から不公正を知覚したことによる抵抗であるとともに，自分の役割の重要性の認識を高めるための行動として捉えた。しかし，「ジェンダー・ハラスメントに対する悔しさを，仕事をサボることで紛らわす」といったように，精神的負担を軽減する方略としてこの行動が採用されていた可能性も考慮されなければならないだろう。そのように考えるならば，怠業的行動の頻度が高い回答者は，ジェンダー・ハラスメントの頻度やそれに対する不快感が高かったとしても，精神的健康状態をなんとか維持

することができるのかもしれない。このため，ジェンダー・ハラスメントの頻度とジェンダー・ハラスメントに対する不快感が怠業的な行動を経由してどのように精神的健康状態に影響を及ぼすかさらに調査される必要があるだろう。

ただし，怠業的な行動により精神的健康状態を維持するという方略は，就業女性にとって必ずしも賢い選択とはいえない。なぜなら怠業的な行動を選択することは，自分自身の職務能力の低さを周囲に示すことにつながり，「女性には重要な仕事を任せられない」というジェンダー・ハラスメント行為者の言い分を認めることになってしまう。そのことが将来的にジェンダー・ハラスメントを受ける頻度を高めてしまうかもしれない。このように，精神的健康状態の悪化を一時的に食い止めることに成功したとしても，このことでむしろジェンダー・ハラスメントにさらされる危険性を高めてしまうだろう。さらに，就業女性全体で考えるならば，この「怠業的方略」は他の就業女性のキャリア発達の機会をも奪いかねない。

4. 今後の課題

第10章，第11章により得られたジェンダー・ハラスメントの影響に関する結果は，いずれも質問紙調査に基づくものであった。理想的には現実の職場の中で，それぞれの女性たちが被るジェンダー・ハラスメントを客観的に測定し，その後の女性たちの精神状態が調査されることが望ましい。それには測定上の困難や倫理上の問題が伴うだろう。今後は回答者の業績や欠勤の回数など，何らかの客観的指標との関連により，ジェンダー・ハラスメントの影響が明らかにされることが期待される。

第4節　個人の多様なあり方を認める職場に向けて

ジェンダー・ハラスメントはそれを受けた就業女性に悪影響をもたらすこ

とが本書により確認され，さらに，組織にとっても否定的な影響があることが示唆された。したがって，ジェンダー・ハラスメントは就業女性にとっても，組織にとっても抑制されるべき行為であることは間違いないだろう。しかし，ジェンダー・ハラスメント作為（女性らしい役割の期待）の項目には，女性を褒め称える項目も含まれている。こうした行為がなぜ問題なのかという疑問も残るだろう。

　この疑問に対しては，両面価値的性差別理論に倣って説明することができる。両面価値的性差別理論は，女性を崇めて貶めるといった一見相反する女性に対する差別の存在を明示した。この2つの性差別は互いに補完的な役割を果たし，社会における男女の格差を強化する。女性たちが慈悲的性差別を男性のやさしさとして積極的に受容し，慈悲的性差別を表出する男性を肯定する。このことは女性の能力の欠如を承認し，男女間格差の存在を肯定することにつながり，敵意的性差別の存在を強化する。このような慈悲的性差別と敵意的性差別の相互に補完的な関係は，そのままジェンダー・ハラスメント作為とジェンダー・ハラスメント不作為の関係に置換可能である。すなわち，職務で女性らしいやさしさや華やかさ，気配りを求められることを受け入れて応え続けることで，個人としての意思や能力ではなく，組織における女性に一律に割り当てられた役割の存在を肯定する。これにより，組織本来の目的である基幹的な職務への就業女性の参加が抑制される。つまり，ジェンダー・ハラスメント作為に対して疑問を持たず，気に留めないという態度が，結果的に就業女性全体のキャリア発達の機会を奪うことになりかねない。

　ところで，このように，職場において女性であるために女性らしいやさしさ，気配りを求められることに疑問を提示すると，「性差の存在を否定している」といった男女特性論の立場から反論があるかもしれない。しかし，個人の意思や能力に基づいて職務役割を割り当てたからといって，性差の存在を否定することにはつながらない。なぜなら，個人の希望や適性が尊重されるならば，多くの女性にとって適性がある役割を多くの女性が担い，それと

は異なる適性を持った女性はそれぞれの適性を生かした役割につけるからである。では反対に，男女の特性で一律に女性に女性らしい役割を固定するとどうなるであろうか。性差で大きく適性が異なるからといって，すべての女性に多くの女性に適性があるとされている役割を固定すれば，それに合致しない女性たちは，能力を発揮する機会を奪われてしまうだろう。

　さらにいえば，日本の組織における「女性向きの仕事」が真に女性に向いている仕事かどうかについても問われなければならない。第1章で述べたように，日本の就業者の4割強を女性が占めていても，組織の中では垂直的職務分離が大きく，女性たちの多くは周縁的な地位に押し留められている。少なくとも統計数値をみる限り，日本の組織は男性優位である。男性優位ということは，すなわち，組織の意思決定が男性中心に行われていることである。その男性優位的状況下で「女性向き」とみなされている仕事は，本当に女性にとって「女性向き」なのであろうか。さらに，「男性向き」とされている仕事は本当に女性には向いていないのだろうか。男性でなければ遂行できないといった仕事の中には，単なる思い込みに過ぎないものもあるかもしれない。また，熊沢（2007）が述べたように，「能力の男女差は，仕事そのものについてよりも，要するに女性は時間的に，男性ほどすべてを捨てて仕事でがんばれないとみなされることが大きい」。そして，このことによって女性の能力が低く評価されるのだとしたら，これは不当な能力評価である。

　このように，性差が大きいにしろ個人差が大きいにしろ，就業者個人個人の多様なあり方を認め，その適性や意思を見極めて組織に生かしていくことが，これからの日本の発展のための大きな課題であろう。

第5節　ジェンダー・ハラスメント発生防止のてがかりと今後の展開

　女性へのハラスメントというと，男性が行為者であると思われがちである。

しかし，第7章の調査結果が示すように，女性に対して行うジェンダー・ハラスメントの行為の頻度の評定に，男女で差が確認されなかった。この結果は，就業女性はジェンダー・ハラスメントの被害者であると同時に，加害者でもあることを意味している。

本書の分析結果からは，ジェンダー・ハラスメントは就業女性に悪影響を与えるばかりではなく，自ら受けたジェンダー・ハラスメント不作為に対しては，就業女性はそれに無感覚になるのではなくむしろセンシティブになった方が精神的健康状態をよりよく保つことができることが示唆された。このことから，ジェンダー・ハラスメントの及ぼす悪影響を食い止めるには，男女の行為者へ理解を求めることは言うまでもないが，それと並行して，ジェンダー・ハラスメントを受ける女性自身がジェンダー・ハラスメントを「悪い」行為であることをまずは認識することが求められるだろう。

第12章，13章では，就業女性に対するジェンダー・ハラスメント防止研修がその防止に対する理解に一定の効果を有することが確認された。しかし，ジェンダー・ハラスメントの影響について言葉で説明され，理解を求めてもなお意識に変容のない就業者も存在するだろう。このように研修による意識変容が確認されなかった就業女性には，「男性」と「リーダー」「重要な職務」，「女性」と「フォロワー」「補助的仕事」といったような無意識的なステレオタイプが強く存在しているのかもしれない。したがって，このような潜在的ステレオタイプに働きかけることが検討される必要があるだろう。最近のステレオタイプに関する研究では，ステレオタイプと両極にある反ステレオタイプ刺激を強めることにより，潜在的なステレオタイプが減少することがIAT (Implicit Association Test[18]) により実験的に検証されている（たとえば，Blair, Ma, & Lenton, 2001）。

そこで，今後の研究の展開として，女性就業者に対するジェンダー・ステ

---

18 潜在的ステレオタイプを測定するための，一連の単語の分類課題である。ステレオタイプに一致した単語と不一致な単語との群間処理時間の比較により測定される。

レオタイプと両極の意味を成す反ステレオタイプ刺激（たとえば，「女性」と「リーダー」）を使用した研修の実施により，潜在的ステレオタイプの変容と，それがジェンダー・ハラスメントに及ぼす影響が検討されることが求められるだろう。

引 用 文 献

Adams, J. S. (1965). Inequity in social exchange. In L. Berkowitz (Ed.), *Advances in experimental social psychology* (Vol. 2). New York; Academic Press. Pp. 267-299.

Andersson, L. M., & Pearson, C. M. (1999). Tit for tat? The spiraling effect of incivility in the workplace. *Academy of Management Review*, **24**, 452-471.

青野篤子 (1999).「女性」とは？「男性」とは？　青野篤子・森永康子・土肥伊都子 (編)　ジェンダーの心理学　ミネルヴァ書房　Pp. 1-22.

ベラーディ, R. M. (2010). りれーおぴにおん　能力を信じ役員を目標に　朝日新聞 2010.4.16 朝刊

Berdahl, J. L. (2007). The sexual harassment of uppity women. *Journal of Applied Psychology*, **92**, 425-437.

Blair, I. B., Ma, J. E., & Lenton, A. P. (2001). Imaging stereotypes away：The moderation of implicit stereotypes through mental imagery. *Journal of Personality and Social Psychology*, **81**, 828-841.

Brown, J., Campbell, E. A., & Fife-Shaw, C. (1995). Adverse impacts experienced by police officers following exposure to sex discrimination and sexual harassment. *Stress Medicine*, **11**, 221-228.

Chang, C., Johnson, R. E., & Yang, L. (2007). Emotional strain and organizational citizenship behaviours: A meta-analysis and review. *Work and Stress*, **21**, 312-332.

Chen, P. Y., & Spector, P. E. (1992). Relationships of work stressors with aggression, withdrawal, theft and substance use: an exploratory study. *Journal of Occupational and Organizational Psychology*, **6**, 177-184.

Cortina, L. M., & Berdahl, J. L. (2010). Sexual harassment in organizations: A decade of research of review. In J. Barling & C. L. Cooper (Eds.), *The Sage Handbook of Organizational Behavior*. Vol. 1, Micro Approaches, London: Sage. Pp. 469-497.

Cortina, L. M., Magley, V. J., Williams, J. H., & Langhout, R. D. (2001). Incivility in the workplace: Incidence and impact. *Journal of Occupational Health*

Psychology, **6**, 64-80.
土肥伊都子 (1999). 「男女の思い込み」をつくる心のしくみ　青野篤子・森永康子・土肥伊都子 (編) ジェンダーの心理学　ミネルヴァ書房　Pp. 26-43.
独立行政法人国立女性教育会館・伊藤陽一 (2009). 男女共同参画統計データブック—日本の女性と男性—　ぎょうせい
Elkins, T. J., Phillips, J. S., & Ward, S. G. (2008). Organizational sexual harassment investigations: Observers' perceptions of fairness. *Journal of Managerial Issues*, **20**, 88-108.
Fitzgerald, L. F. (1990). Sexual harassment: The definition and measurement of a construct. In M. A. Paludi (Ed.), *Sexual harassment on college campuses: Abusing the ivory power* (Pp. 25-47). State University of New York Press.
Fitzgerald, L. F., Gelfand, M. J., & Drasgow, F. (1995). Measuring sexual harassment: Theoretical and psychometric advances. *Basic and Applied Social Psychology*, **17**, 425-445.
Fitzgerald, L. F., & Hesson-McInnis, M. (1989). The dimensions of sexual harassment: A structural analysis. *Journal of Vocational Behavior*, **35**, 309-326.
Fitzgerald, L. F., Magley, V. J., Drasgow, F., & Waldo, C. R. (1999). Measuring sexual harassment in the military: The Sexual Experiences Questionnaire (SEQ-DoD). *Military Psychology*, **11**, 243-263.
Fitzgerald, L. F., Shullamn, S. L., Bailey, N., Richards, M., Swecker, J., Gold, Y., Ormerod, A. J., & Weitzman, L. (1988). The incidence and dimensions of sexual harassment: In academia and the workplace. *Journal of Vocational Behavior*, **32**, 152-175.
藤木英雄 (1986). 刑法 (全)　有斐閣
Glick, P., & Fisk, S. T. (1996). The ambivalent sexism inventory: Differentiating hostile and benevolent sexism. *Journal of Personality and Social Psychology*, **70**, 491-512.
Glick, P., Fiske, S. T., Mladinic, A., Saiz, J. L., Abrams, D., Masser, B., Adetoun, B., Osagie, J. E., Akande, A., Alao, A., Brunner, A., Willemsen, T. M., Chipeta, K., Dardenne, B., Dijksterhuis, A., Wigboldus, D., Eckes, T., Six-Materna, I., Exposito, F., Moya, M., Foddy, M., Hyun-Jeong, K., Lameiras, M., Sotelo, M. J., Mucchi-Faina, A., Romani, M., Sakalli, N., Udegbe, B., Yamamoto, M., Ui, M., Ferreira, M. C., & Lopez, W. L. (2000).

Beyond prejudice as simple antipathy: Hostile and benevolent sexism across cultures. *Journal of Personality and Social Psychology*, **79**, 763-775.

Glick, P., Lameiras, M., & Castro, Y. R. (2002). Education and catholic religiosity as predictors of hostile and benevolent sexism toward women and men. *Sex Roles*. **47**, 433-441.

Greenberg, J. (1993). Stealing in the name of justice: Informational and interpersonal moderators of theft reactions to underpayment inequity. *Organizational Behavior and Human Decision Processes*, **54**, 81-103.

Gutek, B. A. (1983). Interpreting social-sexual behavior in a work setting. *Journal of Vocational Behavior*, **22**, 30-48.

Gutek, B. A., & Koss, M. P. (1993). Changed women and changed organization: Consequences of and coping with sexual harassment. *Journal of Vocational Behavior*, **42**, 28-48.

Hartwick, C., Desmarais, S., & Hennig, K. (2007). Characteristics of male and female victims of sexual coercion. *The Canadian Journal of Human Sexuality*, **16**, 31-44.

林 創 (2008). 作為と不作為の理解に関する認知発達的研究 発達研究, **22**, 229-234.

林 創 (2009). 作為と不作為の比較に関する認知発達―不作為に対するバイアスの変化― 発達研究, **23**, 143-152.

Herring, S. C. (1999). The rhetorical dynamics of gender harassment on-line. *The Information Society*, **15**, 151-167.

Hesson-McInnis, M. S., & Fitzgerald, L. F. (1997). Sexual harassment: A preliminary test of an integrative model. *Journal of Applied Social Psychology*, **27**, 877-901.

Hitlan, R. T., Pryor, J. B., Hesson-McInnis, M. S., & Olson, M. (2009). Antecedents of gender harassment: An analysis of person and situation factors. *Sex Roles*, **61**, 794-807.

Hogler, R. L., Frame, J. H., & Thornton, G. (2002). Workplace sexual harassment law: an empirical analysis of organizational justice and legal policy. *Journal of Managerial Issues* **14**, 234-250.

堀 匡・島津明人 (2007). 大学生を対象としたストレスマネジメントプログラムの効果 心理学研究, **78**, 284-289.

引用文献

Hulin, C. L., Fitzgerald, L. F., & Drasgow, F. (1996). Organizational influences on sexual harassment. In M. S. Stockdale (Ed.), *Sexual Harassment in the Workplace: Perspectives, Frontiers, and Response Strategies.* Vol.5, Woman and Work, London: Sage. Pp. 127-150.

飯島絵理 (2012). 意識調査　国立女性教育会館・伊藤陽一 (編) 男女共同参画統計データブック　ぎょうせい　Pp. 185-198.

伊藤裕子 (1997). 高校生における性差観の形成環境と性役割選択―性差観スケール (SGC) 作成の試み―　教育心理学研究, 45, 396-404.

Jones, C. (2006). Drawing boundaries: Exploring the relationship between sexual harassment, gender and bullying. *Women's Studies International Forum*, 29, 147-158.

角山　剛・松井賚夫・都築幸恵 (2003). セクシュアル・ハラスメントを生む組織風土―統合過程モデルの検証―　産業・組織心理学研究, 17, 25-33.

金井篤子・佐野幸子 (1991). 女性管理職のキャリア意識とストレス　経営行動科学, 6, 49-59.

神田菜美 (2005). 女性の職場環境によるストレスに関する一考察　臨床教育心理学研究, 31, 105.

片山善博 (2006). 自治体行政の正常化としての男女共同参画　都市問題, 97, 9-13.

小林敦子 (2006). 地方自治体の男性職員によるジェンダー・ハラスメント―男女平等とされている組織の意外な側面―　日本大学大学院総合社会情報研究科紀要, 7, 433-442.

小林敦子 (2009). ジェンダー・ハラスメントが達成動機に及ぼす効果―地方公務員の女性を対象として―　応用心理学研究, 34, 10-22.

金野美奈子 (2001). OLの創造―日本における女性事務職像の生成と変容―　諸井克英・宗方比佐子・小口孝司・土肥伊都子・金野美奈子・安達智子 (著)　彷徨するワーキング・ウーマン　北樹出版　Pp. 51-72.

Kringa, F., & Facchin, S. (2009). Oranizatinal justice and men's likelihood to sexually harass: the moderating role of sexism and personality. *Journal of Apptied Psychology*, 94, 501-510.

窪田由紀・蒲原くみ恵 (2000). 大学生のセクハラへの態度に関わる要因　日本心理学会第64回大会発表論文集, 98.

熊沢　誠 (2000). 女性労働と企業社会　岩波書店

熊沢　誠 (2007). 格差社会ニッポンで働くということ　岩波書店

Kyu, N., & Kanai, A. (2003). The prevalence, antecedents and consequences of sexual harassment in the Myanmar workplace. 経営行動科学, **16**, 209-226.

Lim, S., & Cortina, L. M. (2005). Interpersonal mistreatment in the workplace: The interface and impact of general incivility and sexual harassment. *Journal of Applied Psychology*, **90**, 483-496.

Magley, V. J., Hulin, C. L., Fitzgerald, L. F., & DeNardo, M. (1999). Outcomes of self-labeling sexual harassment. *Journal of Applied Psychology*, **84**, 390-402.

Miller, L. L. (1997). Not just weapons of the weak: Gender harassment as a form of protest for army men. *Social Psychology Quarterly*, **60**, 32-51.

水野谷武志（2012）．労働力と就業　国立女性教育会館・伊藤陽一（編）男女共同参画統計データブック　ぎょうせい　Pp. 33-48.

水野谷武志・粕谷美砂子（2009）．労働力と就業　国立女性教育会館・伊藤陽一（編）男女共同参画統計データブック　ぎょうせい　Pp. 33-48.

Moorman, R. H. (1991). Relationship between organizational justice and organizational citizenship behaviors: Do fairness perceptions influence employee citizenship? *Journal of Applied Psychology*, **76**, 845-855.

宗方比佐子（2001）．職場における暗黙のシナリオ　諸井克英・宗方比佐子・小口孝司・土肥伊都子・金野美奈子・安達智子（著）彷徨するワーキング・ウーマン　北樹出版　Pp. 73-90.

Munson, L. J., Miner, A. G., & Hulin, C. (2001). Labeling sexual harassment in the military: An extension and replication. *Journal of Applied Psychology*, **86**, 293-303.

村上宣寛（2006）．心理尺度のつくり方　北大路書房

内閣府男女共同参画局（2004）．逐条解説男女共同参画社会基本法　ぎょうせい

中川泰彬・大坊郁夫（1985）．日本版GHQ精神健康調査票手引　日本文化科学社

中野麻美（2008）．パワーハラスメントと女性―セクハラとパワハラの関係　有限会社フェミックス（編）女性とパワーハラスメント―なぜ起きる，どう対処する　NPO法人ウィメンズ・サポート・オフィス連　Pp. 26-55.

21世紀職業財団（1993）．女子雇用管理とコミュニケーション・ギャップに関する研究会報告書

Nueray, N. S., & Glick, P. (2003). Ambivalent sexism and attitudes toward women who engage in premarital sex in Turkey. *Journal of Sex Research*, **40**, 296-302.

大沢真理（2002）．女性政策とは何か　大沢真理（編）21世紀の女性政策と男女共同参画基本法（改訂版）　ぎょうせい　Pp. 1-26.

小笠原祐子（1998）．OLたちの〈レジスタンス〉―サラリーマンとOLのパワーゲーム―　中央公論社

奥山明良（1999）．職場のセクシュアル・ハラスメント　有斐閣

Organ, D.W. (1988). *Organizational citizenship behavior: The good soldier syndrome.* Lexington Books.

Organ, D. W., Podsakoff, P. M., & Mackenzie, S. B. (2006). *Organizational citizenship behavior.* Sage Publications, Inc.（オーガン D. W., ポザコフ P. M., マッケンジー S. 上田泰（訳）（2007）．組織市民行動　白桃書房）

Parker, S. K., & Griffin, M. A. (2002). What is so bad about a little name-calling? Negative consequences of gender harassment for overperformance demands and distress. *Journal of Occupational Health Psychology*, **7**, 195-210.

Piotrkowski, C. S., (1998). Gender harassment, job satisfaction, and distress among employed white and minority women. *Journal of Occupational Health Psychology*, **3**, 33-43.

Pryor, J. B. (1987). Sexual harassment proclivities in men. *Sex Roles*, **17**, 269-290.

Pryor, J. B., DeSouza, E. R., Fitness, J., Hutz, C., Kumpf, M., Lubbert, K., Pesonen, O., & Erber, M. W. (1997). Gender differences in the interpretation of social-sexual behavior: A cros-cultural perspective on sexual harassment. *Journal of Cross-Cultural Psychology*, **28**, 509-534.

Pryor, J. B., & Fitzgerald, L. F. (2002). Sexual harassment research in the United States. In S. Einarsen, H. Hoel, D. Zapf, & C. L. Cooper (Eds.), *Bullying and Emotional Abuse in the Workplace.* Taylor & Francis. Pp. 79-100.

Raver, J. L., & Gerfand, M. J. (2005). Beyoud the individual victim: Linking sexual harassment, team processes, and team performance. *Academy of Management Journal*, **48**, 387-400.

Raver, J. L., & Nishii, L. H. (2010). Once, twice, or three times as harmful? Ethic harassment, gender harassment, and generalized workplace harassment. *Journal of Applied Psychology*, **95**, 236-254.

Rotundo, M., Nguyen, D. H., & Sackett, P. R. (2001). A meta-analytic review of gender differences in perceptions of sexual harassment. *Journal of Applied Psychology*, **86**, 914-922.

Ruggiero, K. M., & Taylor, D. M. (1995). Coping with discrimination: How disadvantaged group members perceive discrimination that confronts them. *Journal of Personality and Social Psychology*, **68**, 826-838.

佐野幸子・宗方比佐子 (1999). 職場のセクシュアル・ハラスメントに関する調査―女性就業者データから― 経営行動科学, **13**, 99-111.

Scott, J. W. (1988). *Gender and the Politics of History*. Columbia University Press. (スコット J. W. 荻野美穂 (訳) (2004). ジェンダーと歴史学 平凡社)

Skarlicki, D. P., Folger, R., & Tesluk, P. (1999). Personality as a moderator in the relationship between fairness and retaliation. *Academy of Management Journal*, **42**, 100-108.

Spector, P. E., & Fox, S. (2002). An emotion-centered model of voluntary work behavior: Some parallels between counterproductive work behavior and organizational citizenship behavior. *Human Resource Management Review*. **12**, 269-292.

Spranca, M., Minsk, E., & Baron, J. (1991). Omission and commission in judgment and choice. *Journal of Experimental Social Psychology*, **27**, 76-105.

杉橋やよい (2012). 労働条件 国立女性教育会館・伊藤陽一 (編) 男女共同参画統計データブック ぎょうせい Pp. 49-62.

杉浦浩美 (2009). 働く女性とマタニティ・ハラスメント 大槻書店

鈴木淳子 (1994). 平等主義的性役割態度スケール短縮版 (SESRA-S) の作成 心理学研究, **65**, 34-41.

Swim, J. K., Aikin, K. J., Hall, W. S., & Hunter, B. A. (1995). Sexism and racism: Old-fashioned and modern prejudices. *Journal of Personality and Social Psychology*, **68**, 199-214.

田中堅一郎 (1996). セクシャル・ハラスメントに関する心理学的研究―文献的展望― 国際経済論集 (常葉学園浜松大学), **3**, 149-160.

田中堅一郎 (1997). セクシュアル・ハラスメントに関する心理学的研究(2)―セクシュアル・ハラスメント評定尺度作成の試み― 国際経済論集 (常葉学園浜松大学), **4**, 191-202.

田中堅一郎 (2004). 従業員が自発的に働く職場をめざすために 組織市民行動と文脈的業績に関する心理学的研究 ナカニシヤ出版

田中堅一郎 (2006). 職場でのセクシュアル・ハラスメントに関する心理学的研究の動向 日本大学大学院総合社会情報研究科紀要, **7**, 493-504.

田中堅一郎 (2008). 荒廃する職場／反逆する従業員 職場における従業員の反社会的行動についての心理学的研究 ナカニシヤ出版

田中堅一郎 (2008). セクシュアル・ハラスメント 青野篤子・赤澤淳子・松並知子（編） ジェンダーの心理学ハンドブック ナカニシヤ出版 Pp. 269-288.

田中堅一郎・林洋一郎・大渕憲一 (1998). 組織シチズンシップ行動とその規定要因についての研究 経営行動科学, **12**, 125-144.

Tougas, F., Brown, R., Beaton, A. M., & Joly, S. (1995). Neosexism: Plus ça change, plus c'est pareil. *Personality and Social Psychology Bulletin*, **21**, 842-849.

宇井美代子 (2008). 性差別主義 青野篤子・赤澤淳子・松並知子（編） ジェンダーの心理学ハンドブック ナカニシヤ出版 Pp. 249-268.

Woodzicka, J. A., & LaFrance, M. (2001). Real versus imagined gender harassment. *Journal of Social Issues*, **57**, 15-30.

付録：創作落語「じぇんだー・はらすめんと」

あらすじ

板野係長の係では，仕事の分担を決める打ち合わせの真っ最中。**主任の小原恭子**がどうもうわの空なので注意すると，「恭子ちゃん」と呼ばれることに納得がいかず，どうしてそう呼ばれるのか考えていたと言う。他の主任二人は男性で，**「佐藤主任」**，**「橋本主任」**と呼ばれていた。板野は「女の子だからあたり前。男の部下を『下の名前にちゃん付け』で『智ちゃん』とか『道ちゃん』なんて呼んだらおかしいだろ。」と言って話にならない。仕事の分担も男性主任二人に差を付けられ，月例会議におけるプレゼンのローテーションから外される。恭子が「セク・ハラではないか」と抗議するが，「口説いている訳ではない」，「体には触ってない」，「エッチなことは言ってない」（性的興味・目的による言動でない）から「セク・ハラではない」と，取り付く島が無い。

翌朝板野が出社すると，周りの様子がどうもおかしい。恭子のことをみんなが「課長」と呼んでいる。佐藤や橋本に「冗談だろう」「恭子ちゃんのあだ名はいつから『カチョウ』になったんだ」と聞いてみると，小原恭子は前からこの課の課長だという。

板野は混乱の中，隣の課にいる**同期の三輪崎係長**に出会う。三輪崎も，自分の部下でヒラだったはずの村田直子が，今日から突然課長補佐になっていて戸惑っているという。しかも周りは全員知らん顔…

一転して恭子の部下となった板野は，恭子から「男は力仕事だけしていればいい」などと言われたり，男性であることを理由に大事な仕事から外されたりと，今まで恭子にしてきた仕打ちを逆に受け始める。「セク・ハラだ」と訴えても，昨日恭子に言ったことが丸々返ってくる。三輪崎も直子に，「男の係長は要らない」と言われて落ち込んでいる。

どうやら会社で板野と三輪崎の二人だけが，この「不思議な現象」に悩まされているようである。霊感が強いという三輪崎は，今まで二人が仕事の上で，何かと言うと「男だから…」

「女だから…」と，部下の役割を性別で決めたり，制限したりしてきたからではないかと言う。

三輪崎によるとそれは「ジェンダー・ハラスメント」という良くない事であり，二人のジェンダー・ハラスメントに怒った神様が，罰として二人を「男女が逆になった世界」に落としたのではないかと言う。そして元の世界に戻るには，ただひたすら仕事に「男女」を持ち込まない，つまり仕事中に「男」「女」という言葉を一切口にしないこと，それを一年続ければ，助かるのではないかと言う。

半信半疑の板野だが，板野にとって頼りになるのは，もう三輪崎しかいない。何もしないよりはと，三輪崎と一緒に渋々「男女断ち」を始めるが，「この作業は男手が要る」とか「あの取引先は女を連れていかないと契約しない」とか，意外に「男」「女」と言ってしまうことに気づく。

板野は「男女の特性を考えてのことだから，しかたないのでは？」と弱音を吐くが，三輪崎は「あくまでも個人の特性を考えればいいのだから，男・女と言う必要は無い。」「男女が対等でなくなるようなことは言ってはいけない。」（取引先に誰でもいいから女を連れていくのは，「契約するのは男で，女は契約のための道具」という，男女不平等な考え方。）と厳しい。

それでもようやく「男女断ち」ができるようになり，長い一年が過ぎる。ある日の夕方四時，三輪崎が，板野のところへ「今日で『男女断ち』を始めて一年が経つ。」と告げに来る。いよいよあと一時間だけ，職場で男女を口にしなければ，元の世界へ返れるのだ。それを知った板野は，あまりに喜んで思わず「これでやっと男らしい仕事ができる。男になれるんだ…あっ！」すると…「係長，お昼休み終わりましたよ。係長！」という恭子の声に起こされ，目が覚める。あの打ち合わせのあとに起きたすべてのことは，板野が見た夢だったのだ。

あ と が き

　本書は，著者が日本大学大学院総合社会情報研究科博士後期課程在学時に執筆した学位論文『ジェンダー・ハラスメントに関する心理学的研究―就業女性を対象として―』を改稿，一部加筆したものです。次に掲げる各章は，既に刊行された論文がもととなっています。なお，第8章から第12章において行われた研究については，平成20年度文部科学省科学研究費補助金（萌芽研究［課題番号：20653040］，研究代表者：田中堅一郎）による支援を受けました。

　第6～9章：小林敦子・田中堅一郎（2010）．ジェンダー・ハラスメント測定尺度の作成　産業・組織心理学研究，24，15-27.
　第10章：小林敦子・田中堅一郎（2012）．ジェンダー・ハラスメントが就業女性の精神的健康状態に及ぼす影響　経営行動科学，25，185-199.
　第12章：小林敦子・田中堅一郎（2013）．職場におけるジェンダー・ハラスメント理解促進のための研修の効果　応用心理学研究，38，293-294.
　第13章：小林敦子・田中堅一郎（2012）．落語によるジェンダー・ハラスメント研究の効果の検討―平等主義的性役割態度の観点から―　日本大学大学院総合社会情報研究科紀要，13，97-102.

　本書の執筆に至るまでには，研究当初から様々な方々からの多大なご協力を賜りました。ここに記して深い感謝の意を表します。まず，執筆にあたり格別なるご指導・ご高配を賜りました，日本大学大学院総合社会情報研究科田中堅一郎教授に深く感謝申し上げます。修士課程入学から永きに亘り，私の遅い歩みを見守り続けてくださいました。また，各章において実施した調査には，数多くの方々からのご協力を賜りました。ご協力くださったすべて

の皆さまに心よりお礼を申し上げます。特に，調査環境の厳しい昨今の状況にあって，津森悦子氏，栗田淳二氏，羽石和樹氏からは，データ収集に多大なご尽力を賜りました。ひとかたならぬお力添えに，心より感謝申し上げます。最後に，生活のあらゆる場面で私を支え，理解し励ましてくれた夫と子どもたち，そして義父母と両親に深く感謝いたします。

2015 年 1 月

小 林 敦 子

著者略歴

小林　敦子（こばやし　あつこ）

埼玉県出身，政策コンサルタント　e-mail: oct_sprac@m.jcnnet.jp
日本応用心理学会会員，組織心理学研究会会員

　地方公務員として勤務する中で，政策決定における科学的視点の欠如に気づき，「行政に科学を　政策に統計を」の信念の下，心理学の分析手法を学ぶために大学院修士課程に入学。同時に女性の就労環境に関心を持ち，博士後期課程（日本大学大学院総合社会情報研究科）に入学後は本格的にジェンダー・ハラスメントに関する研究を行う。2011 年　博士号（総合社会文化）取得。地方公務員を退職後，教育機関や自治体等で政策統計に関するコンサルタント及び講演活動を行っている。現在主に行っている研究のテーマは，男女共同参画の進展と地方経済の関係についてである。

ジェンダー・ハラスメントに関する心理学的研究
──就業女性に期待する「女性らしさ」の弊害──

2015 年 3 月 15 日　初版第 1 刷発行

著　者　　小　林　敦　子
発行者　　風　間　敬　子
発行所　　株式会社　風　間　書　房
〒 101-0051　東京都千代田区神田神保町 1-34
電話 03(3291)5729　FAX 03(3291)5757
振替 00110-5-1853

印刷　藤原印刷　　製本　井上製本所

©2015　Atsuko Kobayashi　　　　　　　NDC 分類：140
ISBN978-4-7599-2073-4　　Printed in Japan

JCOPY 〈(社)出版者著作権管理機構　委託出版物〉
本書の無断複写は，著作権法上での例外を除き禁じられています。複写される場合はそのつど事前に(社)出版者著作権管理機構（電話 03-3513-6969，FAX 03-3513-6979, e-mail: info@jcopy.or.jp）の許諾を得て下さい。